Histoire de l'alcool

de sa découverte et de son rôle dans les sociétés modernes

M. Berthelot
Jules Rochard

Édition : BoD · Books on Demand, 31 avenue Saint-Rémy, 57600 Forbach, bod@bod.fr
Impression : Libri Plureos GmbH, Friedensallee 273, 22763 Hamburg (Allemagne)
ISBN : 978-2-3224-9658-7
Dépôt légal : Décembre 2024

Partie I

La découverte de l'alcool et la distillation[1]

L'alcool joue un rôle considérable dans nos civilisations modernes : c'est par centaines de millions que l'on compte le produit des impôts qui pèsent sur lui dans le budget des grands États européens ; c'est par milliards qu'il faudrait évaluer les gains tirés de cette fabrication, soit dans les villes, soit dans les campagnes. L'impôt sur les boissons, le privilège des bouilleurs de cru, le développement des distilleries agricoles, font l'objet des méditations des financiers et des législateurs. Aliments ou poisons, substances utiles à l'hygiène et à l'industrie ou funestes à la santé, les liquides alcooliques sont entre toutes les mains.

Mais si le vin, la bière, l'hydromel, sont usités depuis les temps préhistoriques, le principe actif qui leur est commun, celui qui produit l'excitation favorable et l'ivresse nuisible, celui que l'on concentre dans les liqueurs spiritueuses, l'alcool, n'est connu que depuis sept ou huit siècles : il a été ignoré de l'antiquité. Peut-être ne sera-t-il pas sans intérêt de raconter ici comment la découverte en a été faite. L'histoire des tâtonnements successifs des hommes dans la découverte des choses utiles, aussi bien que dans celle des vérités générales, est toujours digne de fixer notre attention. Rien ne doit nous être indifférent de ce qui touche au progrès, à la marche successive de l'esprit humain.

Sic unum quidquid paulatim protrahit ætas
In medium, ratioque in luminis eruit oras;
Namque alid ex alio clarescere corde videmus
Artibus, ad summum donec venere cacumen.

(LUCRÈCE.)

I.

Le nom de l'*alcool*, en tant que réservé aux produits de la distillation du vin, est moderne. Jusqu'à la fin du XVIIIe siècle, ce mot, d'origine arabe, signifiait un principe quelconque, atténué par pulvérisation extrême, ou par sublimation. Par exemple, il s'appliquait à la poudre de sulfure d'antimoine (*koheul*), employée pour noircir les cils, et à diverses autres substances, aussi bien qu'à l'esprit-de-vin.

Au XIIIe siècle, et même au XIVe siècle et plus tard, on ne trouve aucun auteur qui applique le mot d'alcool au produit de la distillation du vin.

Le mot d'*esprit-de-vin* ou *esprit ardent*, quoique plus ancien, n'était pas non plus connu au XIIIe siècle ; car on réservait à cette époque le nom d'*esprit* aux seuls agents volatils, tels que le mercure, le soufre, les sulfures d'arsenic, le sel ammoniac, capables d'agir sur les métaux pour en modifier la couleur.et les propriétés.

Quant à la dénomination *eau-de-vie*, ce mot a été donné pendant les XIIIe et XIVe siècles à l'élixir de longue vie ; c'est Arnaud de Villeneuve qui l'a prononcé, pour la première fois, pour désigner le produit de la distillation du vin. Encore l'a-t-il employé, non comme nom spécifique, mais afin de marquer l'assimilation qu'il en faisait avec le produit retiré du vin ; l'élixir de longue vie des anciens alchimistes n'avait rien de commun avec notre alcool. Cette confusion a occasionné plus d'une erreur chez les historiens de la science.

En réalité, c'est sous la dénomination d'*eau ardente*, c'est-à-dire inflammable, que notre alcool apparaît d'abord, et ce nom était également donné à l'essence de térébenthine. Tâchons de préciser, d'après les auteurs anciens et ceux du moyen-âge, l'origine même de la découverte de l'alcool, en montrant les degrés successifs parcourus dans la connaissance de cette substance.

Que le vin pût fournir quelque chose d'inflammable, c'est ce que les anciens en effet avaient déjà observé. On lit dans Aristote (*Météorologiques*) : « Le vin ordinaire possède une certaine exhalaison ; c'est pourquoi il émet une flamme. » On lit de même dans Théophraste, le disciple immédiat d'Aristote : « Le vin versé sur le feu, comme pour des libations, jette un éclat », c'est-à-dire produit une flamme brillante.

Pline renferme une phrase plus décisive encore ; il nous apprend que le vin de Falerne, produit par le champ Faustien, « est le seul vin qui puisse être allumé au contact d'une flamme : » *solo vinorum flamma accenditur*. Ce qui arrive en effet pour certains vins très riches en alcool.

Ce sont ces phénomènes vulgaires, ces observations accidentelles, faites dans le cours des sacrifices et des festins, qui ont servi de point de départ à la découverte. Mais il a fallu bien des intermédiaires. Tel est l'essai suivant, tour de physique amusante, imaginé sans doute par quelque prestidigitateur, et exposé dans un manuscrit latin de la bibliothèque royale de Munich.

« On peut faire brûler du vin dans un pot, comme il suit : mettez dans un pot du vin blanc ou rouge, le sommet du pot étant élevé et pourvu d'un couvercle percé au milieu. Quand le vin aura été échauffé, qu'il entrera en ébullition et que la vapeur sortira par le trou, approchez une lumière : aussitôt la vapeur prend feu et la flamme dure, tant que la vapeur sort. »

Cependant l'alcool ne fut pas isolé par les anciens.

II.

Pour aller plus loin, il fallut une découverte nouvelle, d'une portée plus importante et plus générale, celle de la distillation, nécessaire pour séparer du vin son principe inflammable. Celle-ci traversa plusieurs étapes.

Son point de départ résulte aussi d'observations vulgaires. Lorsque l'eau est échauffée dans un vase, sa vapeur se condense sur les parois des objets environnants, et surtout sur le couvercle du vase ; c'est ce que chacun peut remarquer, dans l'économie domestique, sur le couvercle des soupières, des marmites, voire même des théières et cafetières. Aristote signale le fait dans ses *Météorologiques* : « La vapeur, dit-il, se condense sous forme d'eau, si on se donne la peine de la recueillir. » Il rappelle, dans un autre passage, une observation moins banale, quoique due sans doute aussi au hasard, mais qui a reçu de notre temps les applications les plus étendues. « L'expérience, ajoute-t-il, nous a appris que l'eau de mer, réduite en vapeur, devient potable ; et le produit vaporisé, une fois condensé, ne reproduit pas l'eau de mer… Le vin et tous les liquides, une fois vaporisés, deviennent eau. » Il semblait donc, d'après Aristote, que l'évaporation changeât la nature des liquides vaporisés et les ramenât tous à un état identique, celui de l'eau. Ce changement était conforme aux idées philosophiques de l'auteur, le vin, aussi bien que l'eau de mer, étant ainsi réduits à un même état, celui de l'eau, principe de la liquidité, c'est-à-dire regardée comme l'un des quatre éléments fondamentaux des choses par les philosophes anciens.

Cependant les remarques d'Aristote sur l'eau de mer ne tardèrent pas à devenir l'origine d'un procédé pratique, signalé par Alexandre d'Aphrodisie, l'un de ses premiers commentateurs, vers le IIe ou le IIIe siècle de notre ère. D'après cet auteur, on chauffait l'eau de mer dans des marmites d'airain, et on recueillait, pour la boire, l'eau condensée à la surface des couvercles. Tel est le premier germe de cette industrie de la distillation de l'eau de mer, mise en pratique aujourd'hui sur une si vaste échelle, à bord des vaisseaux. Les procédés dus à la science du XIXe siècle ont permis de remplacer ainsi ces approvisionnements d'eau, emportés autrefois dans les voyages de long cours, et dont l'insuffisance ou l'altération a occasionné tant de souffrances et de maladies, relatées dans les récits des vieux navigateurs. Ils parlent sans cesse des relâches fréquentes, nécessitées par les aiguades, c'est-à-dire par la recherche de l'eau sur le rivage : c'est là une préoccupation qui n'existe plus aujourd'hui.

Mais pour obtenir avec l'eau de mer de grandes quantités d'eau potable à peu de frais et en peu de temps, il a fallu la découverte de la distillation et ses perfectionnements modernes.

Je viens de dire quel était le procédé signalé par Alexandre d'Aphrodisie, pour extraire l'eau potable de l'eau de mer. Des procédés analogues sont décrits par Dioscoride et par Pline, au Ier siècle de notre ère, pour la préparation de deux liquides d'un caractère tout différent, le mercure et l'essence de térébenthine. Ces découvertes rencontrées aussi dans le cours d'observations faites par accident, commencèrent à généraliser les idées des industriels et des physiciens du temps. Tel est le commencement des progrès qui ont abouti plusieurs siècles après à la connaissance de l'alcool.

Le cinabre ou sulfure de mercure était employé dès une haute antiquité comme matière colorante rouge (vermillon) ; les Romains le tiraient d'Espagne, où existent encore actuellement les principales mines de mercure de l'Europe. On remarqua de bonne heure qu'en le chauffant dans un vase de fer, pour le purifier, il dégageait des vapeurs de mercure, lesquelles se condensaient sur les objets voisins et spécialement sur le couvercle du vase.

Cette observation devient l'origine d'un procédé régulier d'extraction, décrit par Dioscoride et par Pline.

On plaçait le cinabre dans une capsule de fer, au sein d'une marmite de terre cuite ; on lutait celle-ci avec son couvercle, puis on chauffait. Après l'opération, on raclait le couvercle, pour en détacher et réunir les globules de mercure, qui s'étaient élevés de la capsule. On obtenait ainsi le vif-argent artificiel, auquel les anciens attribuaient des propriétés différentes du vif-argent naturel, je veux dire de celui qui se rencontre en nature dans les mines. C'était là d'ailleurs une illusion, le mercure étant identique, quel qu'en soit le mode d'extraction.

En tout cas, le procédé employé pour extraire le mercure par vaporisation est le même que celui décrit par Alexandre d'Aphrodisie pour rendre l'eau de mer potable ; et ce procédé est devenu le point de départ de l'alambic, comme je vais l'expliquer tout à l'heure.

Un autre procédé rudimentaire, le premier qui ait été appliqué à l'extraction d'une huile essentielle, est décrit par Dioscoride et par Pline. Il s'agit de la distillation des résines de pin, que nous appelons aujourd'hui térébenthines. On les chauffait dans des vases, au-dessus desquels on étendait de la laine : celle-ci condensait la vapeur ; puis on exprimait la laine, de façon à en retirer le produit liquéfié, c'est-à-dire l'essence de térébenthine, appelée alors huile de résine, ou fleur de résine. Elle ne tarda pas à jouer un rôle important dans la composition des matières incendiaires, employées par l'art de la guerre. Mais, au début, ces mots paraissent avoir désigné aussi et simultanément la partie la plus liquide des résines, ainsi que l'eau chargée de leurs principes solubles, qui surnage ces résines au moment de leur extraction, à la façon du sérum du lait ; enfin l'eau distillée et odorante, qui se vaporise en même temps que l'essence. Entre ces diverses matières, si distinctes pour la chimie moderne, il régnait chez les anciens une certaine confusion : c'est ce qui rend la lecture et l'interprétation des vieux auteurs si difficile.

Le pas décisif pour la connaissance de la distillation fut franchi en Égypte. Là furent inventés les premiers appareils distillatoires proprement dits, au cours des premiers siècles de l'ère chrétienne. Ils sont décrits avec précision dans les ouvrages de Zosime, auteur du IIIe siècle, d'après les traités techniques de deux femmes alchimistes, nommées Cléopâtre et Marie. En marge du manuscrit grec de Saint-Marc, sont les dessins mêmes des appareils, et ces dessins sont strictement conformes au texte grec du vieil auteur. J'ai reproduit ailleurs ces figures et cette description. L'appareil est constitué par une chaudière, ou plutôt par un récipient en forme de ballon, où l'on plaçait le liquide ; mais le couvercle est remplacé par un système plus compliqué, savoir un large tube surmontant le ballon, et aboutissant par en haut à un chapiteau, en forme aussi de ballon renversé, pour la condensation. Ce chapiteau est pourvu de tubes latéraux coniques et inclinés vers le bas, destinés à recueillir le liquide condensé et à en permettre l'écoulement au dehors, dans de petits ballons.

Toutes les parties essentielles d'un appareil distillatoire sont dès lors définies. Ce sont ces tubes latéraux et leurs récipients qui constituent le progrès capital et qui caractérisent l'alambic. Le nom même d'alambic, tel que nous l'employons, résulte de l'adjonction de l'article arabe al avec le nom grec *ambix*, déjà employé par Dioscoride pour désigner le couvercle condensateur. Les mots *békos, bikos, bikiou*, sont inscrits dans les figures de Zosime, à la fois sur le ballon supérieur (chapiteau), où s'opère la condensation, et sur les récipients latéraux, qui reçoivent le liquide distillé. Telle est l'origine exacte de ce nom alambic, aujourd'hui connu et répété jusque dans nos plus petits villages par les bouilleurs de cru.

L'un des caractères distinctifs de l'alambic primitif décrit par Zosime, c'est la multiplicité des tubes abducteurs de la vapeur : il distingue ainsi les alambics à deux becs et à trois becs, c'est-à-dire le *dibicos* et le *tribicos*. L'écoulement de la vapeur avait lieu simultanément par ces becs multiples, et la condensation s'opérait dans deux ou trois récipients à la fois.

Dans une autre figure on voit un alambic à un seul bec, pourvu celui-ci d'un large tube de cuivre ; enfin un alambic décrit par Synésius, auteur de la fin du IVe siècle, et figuré dans des manuscrits moins anciens, montre la chaudière avec son chapiteau, pourvu d'un tube unique, le tout chauffé dans un bain-marie. C'est là une forme qui n'a guère varié jusqu'au XVIe siècle. Peut-être retrouvera-t-on quelqu'un de ces appareils dans le temple de Phta, à Memphis, dont on a commencé récemment les fouilles. Zosime, en effet, parle en termes formels des appareils qu'il a vus dans un temple de Memphis.

L'alambic a passé ainsi des expérimentateurs gréco-égyptiens aux Arabes, sans aucun changement notable. Ceux-ci ne sont donc pas les inventeurs de la distillation, comme on l'a affirmé trop souvent. En chimie, comme en astronomie et en médecine, les Arabes se sont bornés à reproduire les appareils et les procédés des Grecs, leurs maîtres, tout en y apportant d'ailleurs certains perfectionnements de détails. C'est à tort qu'on a fait remonter la découverte de la distillation et celle de l'alcool à Rasés, ou à Abulcasim et autres auteurs arabes ; du moins les textes, vérifiés avec précision, ne m'ont fourni aucune indication de ce genre.

En effet, Rasés (Xe siècle), dans les passages cités à l'appui de cette opinion, parle seulement des *vina falsa ex saccaro, melle et riço*, c'est-à-dire des liquides vineux (vins prétendus) obtenus par la fermentation du sucre, du miel et du riz ; liquides dont certains, l'hydromel par exemple, étaient connus des anciens. Mais il n'est pas question de les distiller, ni surtout d'en extraire un principe plus actif, dans les passages de Rasés dont j'ai eu connaissance. Quant à Albucasis ou Abulcasim, médecin espagnol de Cordoue, mort en 1107, dans les ouvrages de pharmacie qui lui sont attribués, on trouve seulement un appareil distillatoire destiné à préparer l'eau de rose, appareil qui ne diffère pas, en principe, de ceux des vieux alchimistes grecs.

Établissons d'abord cette identité, fort digne d'attention. Elle résulte de la phrase suivante, qu'il est utile de donner in extenso : « Prenez une marmite d'airain, pareille à celle des teinturiers ; placez-la derrière la muraille et placez dessus un couvercle fabriqué avec précaution, avec des tubulures, auxquelles on ajuste des récipients ; disposez d'une façon intelligente. »

Ailleurs, le nombre des tubulures est fixé à deux ou trois. Or cette description s'applique fort exactement aux alambics à deux et trois becs de la Chrysopée de Cléopâtre, de Zosime et des alchimistes alexandrins.

Ainsi les Arabes, au commencement du XIVe siècle, se servaient encore des appareils distillatoires compliqués des alchimistes gréco-égyptiens.

Les alambics à plusieurs becs étaient encore en usage au XVIe siècle, chez les alchimistes occidentaux. Dans le Traité de Porta, intitulé : *Magie naturelle*, qui, est un recueil de procédés ou secrets pratiques, l'auteur parle du chapiteau à trois et quatre becs, pourvus chacun de son tube et récipient. C'est toujours le vieil appareil de Zosime. Mais Porta décrit deux perfectionnements capitaux qui sont restés dans l'industrie moderne : celui des condensations graduées durant le cours d'une même opération et celui du serpentin réfrigérant ; il n'en était pas sans doute l'inventeur, se bornant à reproduire la pratique de son temps. Voici ce dont il s'agit : dans les descriptions de Zosime, les trois tuyaux de l'alambic sont situés à la même hauteur : ils dégageaient sans doute une vapeur identique ; les idées des chimistes de l'époque étaient trop vagues pour qu'ils pussent en attendre autre chose. Au contraire, les trois tubes de l'alambic de Porta sont situés à des hauteurs inégales, et l'auteur ajoute que le tube le plus élevé fournit l'esprit-de-vin le plus pur. On entrevoyait déjà les idées qui ont concouru à nos appareils de rectification fractionnée, avec série de chambres et de plateaux superposés, débitant un alcool de plus en plus concentré, à mesure qu'on s'élève. Mais cette disposition fut abandonnée ; du moins on n'en retrouve plus trace aux siècles suivants. Ici, comme dans bien d'autres circonstances, les hommes du XVIe siècle ont aperçu les progrès les plus modernes ; mais par une sorte d'intuition, sans posséder ces notions claires et ces principes de physique exacts, à défaut desquels le progrès demeure accidentel et passager.

Un autre perfectionnement plus durable est celui du serpentin. En voici l'utilité. Les alambics des Grecs permettaient sans doute d'obtenir des liquides distillés, mais à la condition d'opérer très lentement et avec une très douce chaleur. En effet, les vapeurs se condensaient mal dans les tubes et les chapiteaux à faible surface représentés par les manuscrits. Pour peu que l'on essayât d'y activer la distillation, les récipients devaient s'échauffer, et la condensation devenait presque impossible. Aussi les vieux auteurs prescrivent-ils de chauffer leurs appareils sur des feux très légers. Ils opéraient par l'intermédiaire des bains de sable, des bains de cendre ou des bains d'eau : le nom même de bain-marie présente un lointain souvenir de Marie, l'alchimiste égyptienne. Souvent même ils se bornent à opérer les distillations par la seule chaleur du fumier en fermentation, ou tout au plus par un feu lent de crottins, ou de sciure de bois. Voilà pourquoi leurs opérations étaient si lentes ; leurs distillations duraient des jours et des semaines. Il faut quatorze jours, ou vingt et un jours, dit un texte, pour accomplir l'opération. Non-seulement on assurait ainsi l'effet des digestions et des cémentations, destinées à faire pénétrer peu à peu les principes sulfurés et arsenicaux, au sein des lames métalliques soumises à l'action tinctoriale des élixirs ; mais on rendait praticable l'évaporation et la récolte des liquides placés dans les alambics.

Cependant, les opérateurs du moyen âge avaient fini par s'apercevoir que l'on pouvait conduire les manipulations plus rapidement : les distillations, par exemple, en refroidissant le chapiteau et le tube consécutif qui conduisait au récipient final. À cet effet, ils disposèrent d'abord autour du chapiteau un seau rempli d'eau froide : ce qui facilitait la condensation, mais en faisant retomber une partie des vapeurs liquéfiées au sein de la chaudière. Un nouveau perfectionnement, et c'est celui que décrit Porta, consista à contourner le tuyau entre le chapiteau et le récipient et à lui donner la forme d'un serpent (*anguineos flexus*). Ainsi prit naissance notre serpentin actuel ; on l'entoura d'eau froide contenue dans un vase de bois. L'alambic moderne se trouva dès lors constitué. Toutefois, l'usage du serpentin ne se répandit que lentement et l'invention est encore regardée comme récente par les auteurs du XVIIIe siècle.

Tels sont les progrès successifs accomplis au moyen âge dans la construction des appareils destinés à la distillation des liquides.

Observons ici que nous avons entendu dans le présent article le mot distillation au sens moderne d'évaporation, suivie par une condensation de liquide ; mais dans beaucoup d'auteurs du moyen âge le sens est plus vague. En effet, ce mot signifiait, au sens littéral, écoulement goutte à goutte, et il s'appliquait aussi bien à la filtration, et même à tout raffinage et purification. Le mot distiller, même dans notre langage moderne, est employé quelquefois dans ce sens.

Ce n'est pas tout : il comprenait autrefois, dès l'époque gréco-égyptienne, deux applications profondément distinctes, savoir la condensation des vapeurs humides, telles que l'eau, l'alcool, les essences, et la condensation des vapeurs sèches, sous forme solide, comme les cadmies ou oxydes métalliques, le soufre, les sulfures métalliques, l'acide arsénieux et l'arsenic métallique, qui était le second mercure des alchimistes grecs, et plus tard les chlorures de mercure, le sel ammoniac, etc. Nous désignons aujourd'hui cette condensation des vapeurs sèches sous le nom de sublimation. Elle exige des appareils spéciaux, employés déjà par les anciens et qui ont donné naissance à l'aludel arabe. Mais il suffit de signaler ici cet autre côté de la question, origine aussi de diverses industries modernes : malgré sa connexité avec l'étude de la distillation, je ne crois pas devoir y insister, parce qu'il est étranger à la découverte de l'alcool. Ce sont les liquides distillés et les progrès successifs accomplis dans leur étude que je vais maintenant décrire.

III.

« En haut les choses célestes, en bas les choses terrestres »; tel est l'axiome par lequel les alchimistes grecs désignent les produits de toute distillation et sublimation. Ils déclarent en propres termes qu'on « appelle divine la vapeur sublimée émise de bas en haut... Le mercure blanc, on l'appelle pareillement divin, parce que lui aussi est émis de bas en haut... Les gouttes qui se fixent aux couvercles des chaudières, on les appelle également divines. » Nous retrouvons ici les indications d'Aristote, de Dioscoride et d'Alexandre d'Aphrodisie. — Mais, selon leur usage, les alchimistes traduisirent ces notions purement physiques par des symboles et par un mysticisme étrange. Déjà Démocrite (c'est-à-dire l'auteur alchimique qui a pris ce nom) appelle « natures célestes » les appareils sphériques dans lesquels on opère la distillation des eaux. La séparation que celle-ci opère entre l'eau volatile et les matériaux fixes est exprimée ainsi dans un texte d'Olympiodore, qui vivait au commencement du Ve siècle de notre ère. « La terre est prise dès l'aurore, encore imprégnée de la rosée que le soleil levant enlève par ses rayons. Elle se trouve alors comme veuve et privée de son époux, d'après les oracles d'Apollon... Par l'eau divine, j'entends ma rosée, l'eau aérienne. » De même Comarius, écrivain du VIIe siècle, retrace le tableau allégorique de l'évaporation et de la condensation qui l'accompagne, les liquides condensés réagissant à mesure sur les produits solides exposés à leur action : « Dis-nous... comment les eaux bénies descendent d'en haut pour visiter les morts étendus, enchaînés, accablés dans les ténèbres et dans l'ombre, à l'intérieur de l'Hadès ; ... comment pénètrent les eaux nouvelles... venues par l'action du feu : la nuée les soutient ; elle s'élève de la mer, soutenant les eaux. »

Ce langage singulier, cet enthousiasme qui emprunte les formules religieuses les plus exaltées, ne doivent pas nous surprendre. Les hommes d'alors, à l'exception de quelques génies supérieurs, n'étaient pas parvenus à cet état de calme et d'abstraction qui permet de contempler avec une froideur sereine les vérités scientifiques. Leur éducation même, les traditions symboliques de la vieille Égypte, les idées gnostiques, dont les premiers alchimistes sont tout imprégnés, ne leur permettaient pas de garder leur sang-froid. Ils étaient transportés et comme enivrés par la révélation de ce monde caché des transformations chimiques, qui apparaissait pour la première fois devant l'esprit humain.

Aussi, dans ces premiers traités grecs, tous les liquides actifs de la chimie sont-ils confondus sous un nom commun, celui de l'eau divine, ou des eaux divines. « L'eau divine est une, quant au genre, disent-ils ; mais elle est multiple, quant à l'espèce, et elle comporte un nombre infini de variétés et de traitements. » Ils désignent ces variétés par les noms symboliques les plus divers, eau aérienne, eau fluviale, rosée, lait virginal, eau de soufre natif, eau d'argent, miel attique, écume marine, etc. La confusion entretenue par cette variété de dénominations était d'ailleurs systématique ; elle avait pour but avoué de cacher le secret des fabrications au vulgaire et aux gens non initiés. S'il est parfois possible d'entrevoir, dans le vague voulu des descriptions des alchimistes grecs, quelque chose de précis, il n'existe, à ma connaissance, dans ces descriptions, aucun texte qui soit applicable à la distillation du vin. C'est à peine si le principe de la distillation fractionnée et la diversité de ses produits successifs sont signalés dans un ou deux passages ; mais ces passages paraissent s'appliquer au traitement des polysulfures alcalins, ou de matières organiques sulfurées, n'ayant rien de commun avec l'alcool.

Je n'ai pas rencontré davantage de texte précis, relatif soit à l'alcool, soit même à un liquide distillé défini quelconque, dans les traités arabes de médecine et de matière médicale, imprimés jusqu'ici, ou bien dans les ouvrages arabes manuscrits de Géber et des autres auteurs alchimiques que j'ai en main et dont je prépare la publication. Je me suis expliqué plus haut à cet égard sur les passages de Rasés, cités parfois, mais à tort ; car ils désignent seulement des liquides fermentes, sans faire allusion ni à leur distillation, ni à l'extraction de l'alcool. De même on a parlé d'Abulcasim ; mais cet auteur, après avoir décrit certains appareils distillatoires, reproduits du dibicos et du tribicos des Grecs, ajoute simplement : « D'après cette méthode, celui qui désire du vin distillé peut le distiller. » Et il prescrit de distiller aussi par ce moyen l'eau de rose et le vinaigre. Il fait mention uniquement d'une distillation en masse. Néanmoins, il est incontestable que l'idée de la préparation d'une eau aromatique distillée, telle que l'eau de rose, fort usitée en Orient, apparaît ici nettement pour la première fois ; mais il n'y a rien qui s'applique ni à une essence proprement dite, ni à l'alcool en particulier.

Dans ces textes, je le répète, il s'agit simplement de distiller le vin, sans aucune distinction entre les produits successifs d'une distillation fractionnée. Cependant, on s'était aperçu dès lors que le vin distillé n'était pas identique à l'eau, contrairement à la vieille opinion d'Aristote ; mais nos auteurs ne parlent nullement de l'alcool, quoique la connaissance de ce corps dût résulter presque immédiatement de l'étude des liquides distillés fournis par le vin.

Le plus ancien manuscrit qui renferme une indication précise à cet égard est l'un de ceux de la « Clé de la peinture, » écrit au XIIe siècle. J'ai déjà eu occasion de parler de cet ouvrage dans la *Revue* ; c'est une compilation de recettes techniques, provenant de diverses origines, surtout grecques et latines, avec quelques additions arabes. On ne saurait dire à laquelle de ces sources a été puisée l'indication relative à l'alcool. En fait, elle est contenue dans une phrase énigmatique, que j'ai réussi à déchiffrer. L'usage des mots énigmatiques ou cryptogrammes existe dans beaucoup de manuscrits du temps. On sait que la formule de la poudre à canon a été ainsi signalée par Roger Bacon, dans une phrase dont l'interprétation a donné lieu à bien des discussions. Une semblable manière de transmettre la tradition scientifique sous une forme précise, quoique intelligible pour les seuls initiés, quelque contraire qu'elle soit à nos usages scientifiques modernes, constituait pourtant un progrès véritable, par rapport au vague des anciennes formules symboliques. Je demande la permission de reproduire ici la phrase même du vieux texte, afin de donner au lecteur une idée plus complète du problème historique relatif à l'alcool et de sa solution. La voici : *De commixtione puri et fortissimi xknk cum III qbsuf tbmkt cocta in ejus negocii vasis fit aqua que accensa flammam incombustam servat materiam.*

Cette recette n'offre aucun sens à première vue ; mais ces mots cryptographiques peuvent être interprétés d'après une convention dont on rencontre quelques applications dans les manuscrits des XIIIe et XIVe siècles. Il suffit de remplacer chacune des lettres des mots par celle qui la précède dans l'alphabet. On trouve ainsi : *xknk* = vini ; qbsuf = parte ; tbmkt = salis, *et le passage peut être traduit (en rectifiant quelques fautes grammaticales du copiste) de la manière suivante :*

« En mêlant un vin pur et très fort avec trois parties de sel, et en le chauffant dans les vases destinés à cet usage, on obtient une eau inflammable, qui se consume sans brûler la matière (sur laquelle elle est déposée). »

Il s'agit dès lors de l'alcool. Cette propriété de brûler à la surface des corps, sans les brûler, avait beaucoup frappé les premiers observateurs.

Une autre indication plus explicite est contenue dans le livre *des Feux* de Marcus Græcus, ouvrage latin tiré de sources arabes et grecques, mais dont les manuscrits ne remontent pas au-delà de l'an 1300. C'est aussi une compilation de recettes techniques, relatives pour la plupart à l'art de la guerre.

La recette relative à l'eau ardente a dû être ajoutée, après coup, au texte primitif ; car elle n'en fait pas partie dans un autre manuscrit qui existe à Munich, s'y trouvant transcrite en dehors du *Traité des Feux* et à la suite. Reproduisons cette recette, en raison des indications nouvelles et caractéristiques qu'elle contient.

« *Préparation de l'eau ardente*. — Prenez un vin noir, épais, vieux. Pour un quart de livre, ajoutez deux scrupules de soufre vif, en poudre très fine, un ou deux de tartre, extrait d'un bon vin blanc, et deux scrupules de sel commun en gros fragments. Placez le tout dans un bon alambic de plomb ; mettez le chapiteau au-dessus, et vous distillerez l'eau ardente. Vous la conserverez dans un vase de verre bien fermé. »

Le manuscrit de Munich ajoute : « Voici la vertu et la propriété de l'eau ardente. Mouillez avec cette eau un chiffon de lin et allumez, il se produira une grande flamme. Quand elle est éteinte, le chiffon demeure intact. Si vous trempez le doigt dans cette eau et si vous y mettez le feu, il brûlera comme une chandelle, sans éprouver de lésion. » C'était encore là un tour de prestidigitateurs : le rôle de ces derniers est manifeste au début d'un grand nombre d'inventions, dans l'antiquité et au moyen âge.

Quoi qu'il en soit, les faits indiqués dans cette description sont exacts et ils montrent comment les premiers observateurs sont souvent frappés par des propriétés des corps, réelles ou apparentes, quoique presque insignifiantes.

Mais souvent aussi ils compliquent les opérations par certains détails superflus, sinon nuisibles, auxquels ils attachent la même importance qu'au reste, en raison des théories qui leur servent de guides : ces théories ont joué un certain rôle dans l'histoire de la science. Par exemple, dans la première recette de Marcus Græcus, il y a une indication singulière : celle de l'addition du soufre avant la distillation. Cette indication existe aussi dans un livre d'Al-Farabi, transcrit par un autre manuscrit de la même époque, et on la retrouve également dans l'ouvrage de Porta, *la Magie naturelle*, composé au XVIe siècle. Elle n'est donc pas accidentelle. Elle résulte, en effet, d'une idée théorique, exposée tout au long dans plusieurs textes. Les chimistes d'alors pensaient que la grande humidité du vin s'oppose à son inflammabilité, et c'était pour combattre la première que l'on ajoutait soit des sels, soit du soufre, dont la siccité, disait-on, accroît les propriétés combustibles. L'un de ces vieux auteurs cite, à l'appui de sa théorie, le bois sec et le bois vert, inégalement combustibles, suivant la saison où ils ont été coupés et la dose d'humidité qu'ils renferment.

Rappelons encore que la volatilité et la combustibilité étaient alors confondues et désignées sous le nom de *sulfuréité*, désignation qui était encore appliquée dans ce sens au temps de Stahl, au commencement du XVIIIe siècle. Ces idées remontent même aux alchimistes grecs, qui appelaient tout liquide volatil et tout sublimé émis de bas en haut du nom d'eau sulfureuse (ou eau divine).

On voit, par là, l'origine de ces préparations si compliquées et si difficiles à comprendre aujourd'hui, usitées chez les anciens chimistes. Ils s'efforçaient de communiquer aux corps les qualités qui leur manquaient, en y ajoutant certaines matières dans lesquelles ces propriétés étaient supposées concentrées. Ainsi du soufre était ajouté au vin pour rendre plus facile, croyait-on, la manifestation de son principe inflammable.

Le premier savant, connu nominativement, qui ait parlé de l'alcool est de date postérieure à la composition des écrits qui précèdent : c'est Arnaud de Villeneuve. On le donne d'ordinaire comme l'auteur de la découverte, prétention qu'il n'a jamais élevée lui-même. Il s'est borné à parler de l'alcool comme d'une préparation connue de son temps et qui l'émerveillait au plus haut degré. Arnaud de Villeneuve l'a consignée dans son ouvrage intitulé : *de Conservanda Juventute*, « Pour rester jeune ; » ouvrage écrit vers 1309.

« On extrait, dit-il, par la distillation du vin, ou de sa lie, le vin ardent, dénommé aussi eau-de-vie. C'est la portion la plus subtile du vin. »

Puis, il en exalte les vertus : « Discours sur l'eau-de-vie. Quelques-uns l'appellent eau-de-vie. Certains modernes disent que c'est l'eau permanente, ou bien l'eau d'or, à cause du caractère sublime de sa préparation. Ses vertus sont bien connues. » Il énumère ensuite les maladies qu'elle guérit : « Elle prolonge la vie, et voilà pourquoi elle mérite d'être appelée eau-de-vie. On doit la conserver dans un vase d'or ; tous les autres vases, ceux de verre exceptés, laissent suspecter une altération. » Puis il signale les alcoolats : « En raison de sa simplicité, elle reçoit toute impression de goût, d'odeur et autre propriété. Quand on lui a communiqué les vertus du romarin et de la sauge, elle exerce une influence favorable sur les nerfs, etc. »

Le pseudo Raymond Lulle, auteur plus moderne qu'Arnaud de Villeneuve, parle avec le même enthousiasme de l'alcool. Il décrit la distillation de l'eau ardente, tirée du vin, et ses rectifications, répétées au besoin sept fois, jusqu'à ce que le produit brûle sans laisser trace d'eau. « On l'appelle, ajoute-t-il, mercure végétal. »

On voit que les alchimistes, au début du xiv° siècle, furent saisis d'une telle admiration par la découverte de l'alcool, qu'ils l'assimilèrent à l'élixir de longue vie et au mercure des philosophes. C'est l'écho de ces souvenirs que Renan reproduit dans son drame philosophique de l'*Eau de Jouvence*.

Mais il faudrait se garder de prendre tout texte où il est question du mercure des philosophes, ou de l'élixir de longue vie, comme applicable à l'alcool.

L'élixir de longue vie est une imagination de l'ancienne Égypte. Diodore de Sicile le désigne sous le nom de « remède d'immortalité. » L'invention en était attribuée à Isis et l'on en trouve la composition dans les œuvres de Galien. Au moyen âge, les formules en ont beaucoup varié. Cet élixir de longue vie était en même temps réputé susceptible de changer l'argent en or, c'est-à-dire qu'il jouissait des mêmes propriétés chimériques que la pierre philosophale.

Si la découverte de l'alcool ne répond pas à ces illusions, elle n'en a pas moins eu les conséquences les plus graves dans l'histoire du monde. C'est un agent éminemment actif, et par là même à la fois utile et nuisible : il peut soit prolonger la vie humaine, soit en raccourcir le terme, suivant l'usage que l'on en fait. C'est aussi une source de richesse inépuisable pour les individus et pour les États, source plus féconde que ne l'eût été le prétendu élixir des alchimistes : leurs longs et patients travaux n'ont donc pas été perdus, leur rêve a été réalisé au-delà de leur espérance par les découvertes de la chimie moderne.

Partie II

L'alcool : son rôle dans les sociétés modernes[2]

L'alcool est le principe auquel les boissons fermentées doivent la propriété de déterminer l'ivresse, et c'est cette propriété qui les a fait rechercher de tout temps et par tous les peuples. Il a sa part de responsabilité dans les égarements des sociétés passées, comme dans la plupart des crimes dont elles nous ont légué le souvenir. À toutes les époques, à l'état sauvage, comme à l'état de civilisation avancé, l'homme a senti cette appétence singulière pour les boissons enivrantes. L'histoire de leurs méfaits est trop connue pour que je sois tenté de la refaire. Je n'en aborderai qu'un seul point parce qu'il est d'une importance capitale et d'une actualité qui frappe tous les yeux. C'est la transformation que l'ivresse a subie, depuis un demi-siècle environ, par la substitution des liqueurs distillées aux boissons fermentées. C'est le remplacement de l'ivrognerie par l'alcoolisme. Je vais rechercher les causes et les conséquences de cette forme nouvelle d'un vice qui devient chaque jour plus menaçant, et tâcher d'en indiquer les remèdes, en me tenant à égale distance des exagérations et des banalités.

I.

Un goût aussi universellement répandu, un attrait aussi irrésistible, ne peuvent pas être l'effet d'un caprice. Il y a, dans le penchant qui porte l'homme à rechercher l'excitation de l'ivresse et jusqu'à l'abrutissement qui la suit, une impulsion particulière à son espèce et tout à fait analogue à celle qui lui fait aimer le sommeil que donne l'opium, les hallucinations du hachich, le léger narcotisme, calme et rêveur, que procure le tabac. Les boissons fermentées, lorsqu'elles sont de bonne qualité, ont, sur les autres modificateurs du système nerveux, cet avantage qu'elles ne sont redoutables que par leur abus, qu'elles sont bienfaisantes à doses modérées et très utiles dans certaines débilités de l'organisme. Elles sont hygiéniques, en un mot, tandis que les autres ne le sont pas. Ces avantages ont été bien souvent contestés. On s'est appuyé sur ce fait que l'eau est la boisson naturelle de l'homme et, par conséquent, la seule qui lui convienne ; mais c'est une déplorable erreur que celle qui consiste à vouloir ramener l'homme à l'état de nature. Depuis qu'il existe, tous ses efforts ont eu pour but de s'en écarter. C'est là le trait distinctif de son espèce et le privilège de sa supériorité intellectuelle. Il est aussi déraisonnable de vouloir le contraindre à ne boire que de l'eau, que de l'engager à retourner dans les grottes qui ont abrité les premiers représentants de sa race, que de lui conseiller de se couvrir comme eux de peaux de bêtes et de se nourrir, à leur exemple, de la chair des animaux sauvages, des racines et des fruits vierges encore de toute culture. Assurément il lui est possible de vivre et de se bien porter en s'abstenant de toute boisson alcoolique. On peut même devenir centenaire à ce régime-là, ainsi que va nous le prouver bientôt le savant illustre qui s'intitule modestement le plus vieil écolier de l'Europe et qui fut notre maître à tous. M. Chevreul attribue sa longévité et sa vigueur persistante à ce qu'il n'a jamais bu que de l'eau. Je crois que l'éminent chimiste ne tient pas un compte suffisant de sa riche organisation morale et physique, mais tous les hommes ne sont pas de cette trempe. Les vins généreux sont utiles aux faibles et aux convalescents. Ils conviennent aux enfants débiles, lymphatiques, aux femmes nerveuses, aux gens de cabinet. Enfin, le proverbe en a fait pour les vieillards un aliment de premier ordre. Il faut tenir compte aussi du milieu social, des habitudes transmises de génération en génération, des conditions de régime et de la vie artificielle que la civilisation nous a faite.

Je vais plus loin. On est habitué à n'admettre l'ivresse que lorsqu'elle trouble la raison et rend la marche indécise ; mais avant d'en arriver là, l'homme sobre et qui a conservé toute sa susceptibilité cérébrale, a passé par une foule de degrés dont les premiers ne sont pas sans charme et ne sont dangereux que parce qu'ils constituent une pente glissante. La gaîté expansive et spirituelle qui anime les convives après un grand dîner n'a rien de dégradant ni de nuisible. C'est un phénomène physiologique ; c'est un sentiment de bien-être que les gens nerveux éprouvent souvent en sortant de table sans que l'alcool y soit pour rien et qui, dans les repas pris en commun, s'accroît par la vivacité de la conversation et par l'éclat des lumières. Rien de plus légitime et de moins dangereux. Il est des gens dont l'imagination a besoin de ce léger stimulant pour briller de tout son éclat et qui n'ont jamais plus de verve, plus d'entrain que sous l'influence d'un très léger degré d'ébriété. Il est enfin des caractères faibles qui ont besoin de ce réconfortant pour vaincre la timidité qui les prend à la gorge et les paralyse lorsqu'il s'agit de parler en public ou de paraître sur la scène. Ces gens-là ne sont pas des alcooliques. Cette forme inconsciente et imperceptible de l'ivresse est compatible avec l'accomplissement des fonctions les plus délicates, comme avec la conservation illimitée de l'intelligence et de la santé. En résumé, c'est la tempérance et non l'abstinence absolue qu'il faut recommander aux hommes sages ; et j'avais besoin de commencer par là avant de faire le procès de l'alcool. Ce n'est pas à lui, du reste, que les considérations précédentes s'adressent, c'est aux vins généreux et de bonne qualité. En effet, si c'est l'alcool qui produit l'ivresse, si les boissons fermentées sont d'autant plus enivrantes qu'elles en contiennent davantage, ses effets sont atténués ou aggravés par les autres principes avec lesquels il se trouve mélangé.

De toutes les boissons, la plus répandue et la plus inoffensive, même quand on en fait abus, c'est le vin. Il doit cet avantage au grand nombre d'éléments qui le composent et dont la plupart sont de nature à tempérer l'action de l'alcool spécial qu'il renferme et qui est le plus inoffensif de tous. Le vin en contient en moyenne de 10 à 12 pour 100. Indépendamment de ce principe, il entre dans sa composition des huiles essentielles et des éthers auxquels il doit son bouquet, des acides à l'état libre ou à l'état de sels, du tanin et des matières colorantes. Tous ces éléments, combinés entre eux dans d'heureuses proportions, en rendent la digestion plus facile et l'absorption moins prompte ; ils atténuent les effets de l'alcool sur l'estomac et tempèrent son action sur le système nerveux. C'est là ce qui explique l'intervention favorable d'un vin généreux, dans le régime des gens affaiblis et dans la convalescence des maladies, ainsi que la gravité moindre des troubles qu'il amène quand on en fait abus.

À l'époque où les vins n'étaient pas falsifiés comme ils le sont aujourd'hui, la santé des buveurs n'était ni si promptement ni si profondément altérée. En dehors de leurs excès, ils se livraient à leurs occupations comme d'habitude et pouvaient atteindre un âge avancé. Leur ivresse était inoffensive et se dissipait à la faveur d'un sommeil prolongé. Ils en étaient quittes pour un peu d'inappétence le lendemain, et, à la longue, pour de la dyspepsie et des accès de goutte. Leur vice ne se traduisait à l'extérieur que par l'expression de leur visage, leur face enluminée, leurs joues rubicondes, leur nez bourgeonnant et vermeil. C'était l'ivresse gaie et bon enfant ; l'ivresse gauloise que tous les poètes ont chantée et qui diffère de l'effrayant alcoolisme d'aujourd'hui, comme les nobles vins de la Bourgogne et du Bordelais diffèrent du poison qu'on extrait de la pomme de terre ou de la betterave.

La bière n'a pas les propriétés fortifiantes et analeptiques du vin ; c'est cependant une boisson hygiénique et salubre quand elle est bien préparée. Sa saveur ne plaît pas au premier abord, mais on s'y habitue, et ses excellentes qualités justifient l'usage qu'on en fait depuis les premiers temps de la civilisation[3]. La bière, dont la fabrication est beaucoup plus compliquée que celle du vin, ne renferme, en moyenne, que 4 à 6 pour 100 d'alcool, et la quantité de matières extractives varie de 3 à 4 pour 100. C'est par conséquent une boisson très peu enivrante. L'acide carbonique qu'elle renferme agit aussi sur le système nerveux ; enfin, le principe actif du houblon l'impressionne également sans causer cependant ni l'engourdissement de l'opium, ni le délire du hachich, auquel on a voulu le comparer. La bière favorise la digestion, calme la soif et fournit à la nutrition deux fois plus de principes assimilables que le vin. C'est pour cela qu'elle a la réputation d'être nourrissante et de faire engraisser. Son abus conduit à la goutte et à la glucosurie.

La bière, à part certaines espèces anglaises qui sont aussi fortes que le vin, est un liquide si peu alcoolique qu'il faut en boire des quantités formidables pour s'enivrer. Aussi les gens qui en font leur boisson habituelle ont souvent coutume de prendre en même temps des petits verres d'eau-de-vie. En dehors de cette adjonction, qui change la nature de l'ivresse, celle que détermine la bière est lourde et somnolente. L'esprit, calme et comme engourdi, s'abandonne à des rêveries vagues, nébuleuses, fantastiques, aussi distantes des pensées riantes qu'évêque le bon vin que des hallucinations horribles de l'alcool. L'usage habituel de la bière, joint à l'influence d'un climat triste et froid, explique jusqu'à un certain point le caractère des habitants du Nord, la tournure de leur esprit, celle de leurs productions et de leur littérature.

Le cidre, la dernière des boissons fermentées dont l'usage soit très répandu, était connu en Normandie longtemps avant l'occupation romaine ; toutefois, ce n'est qu'au XVIIIe siècle qu'il s'y est généralisé. Sa préparation est aussi simple que celle du vin, puisqu'elle se borne à écraser les pommes et à laisser fermenter le jus. La quantité dialcool qu'il renferme varie de 3 à 9 pour 100, suivant la qualité des pommes employées à sa confection. Il constitue une boisson agréable et rafraîchissante ; il désaltère comme la bière, mais nourrit moins qu'elle. Comme il est fortement acide, il détermine parfois des gastralgies. On a cru remarquer même que, dans les pays à cidre, les cancers de l'estomac sont plus communs qu'ailleurs. Cela peut tenir, il est vrai, à l'alcool qu'on y mêle ou qu'on boit en même temps. Sans cet appoint, l'ivresse est difficile à obtenir avec le cidre, comme avec la bière. Il faut en ingurgiter de grandes quantités ; comme il est fortement acide, il porte surtout son action sur le tube digestif, et les conséquences en sont faciles à prévoir. L'ivresse qu'il cause est lourde, stupide et humiliante par ses effets.

En somme, les boissons fermentées dont je viens de passer en revue les trois principales n'ont pas, au point de vue social et même alors qu'on en abuse, les conséquences désastreuses que produisent aujourd'hui les liqueurs distillées. L'usage de ces dernières n'est pas de date ancienne. Si l'ivrognerie est aussi vieille que le genre humain, l'alcoolisme est un fléau moderne. Que l'alcool nous vienne des Chinois ou des Arabes, qu'il ait été découvert par Arnauld de Villeneuve, par Raimond Lulle ou par Albucasis, il ne remonte pas au-delà du XIIIe siècle ; encore est-il demeuré pendant longtemps dans le domaine exclusif de la médecine. Ce sont les Anglais qui l'en ont fait sortir, en 1581, en distribuant de l'eau-de-vie à leurs troupes qui guerroyaient alors dans les Pays-Bas[4]. En France, la vente en fut réservée aux apothicaires jusqu'en 1678, époque à laquelle elle tomba dans le domaine public. L'usage de cette liqueur se répandit rapidement. L'abus en devint bientôt général et les buveurs se passionnèrent pour une ivresse si prompte et si facile à se procurer. L'eau-de-vie qu'on fabriquait alors était une boisson relativement inoffensive. On la retirait du vin, et la distillation laissait passer, avec l'alcool, quelques-uns de ses principes bienfaisants qui en tempéraient les effets. Son prix était du reste assez élevé pour en limiter la consommation. On ne consacrait à cette industrie que les vins de qualité inférieure ou d'un transport difficile, et, il y a un siècle, la quantité produite annuellement ne s'élevait pas à 400000 hectolitres.

Jusqu'en 1840, la presque totalité des alcools consommés en France provint de la distillation des produits de la vigne ; mais, à partir de cette époque, on commença à en retirer des grains et de la pomme de terre, et lorsque celle-ci fut frappée par la maladie, en 1845, on s'adressa à la betterave et à quelques autres végétaux sucrés ou féculents. Cette industrie nouvelle a pris depuis lors une effrayante extension. Elle va se développant sans cesse, et aujourd'hui la fabrication des alcools, en Europe et aux États-Unis, s'élève à près de 23 millions d'hectolitres par an ; dans les pays du Nord, la consommation moyenne monte à plus de 10 litres par tête et par année.

Cet accroissement progressif constitue, pour les sociétés modernes, un véritable danger sur lequel l'attention des hygiénistes et des hommes d'état ne saurait être trop vivement appelée. Ces esprits d'industrie ne sont pas seulement des produits enivrants, ce sont des poisons.

Tous les alcools du commerce sont toxiques, dit Dujardin-Beaumetz dans un travail dont les conclusions n'ont pas été infirmées, et leur action nocive est en rapport avec leur origine et leur degré de pureté. Le plus inoffensif est l'alcool éthylique, celui qui constitue presque exclusivement les eaux-de-vie de vin, ainsi que celles de marcs, de cidre et de poiré. Les eaux-de-vie qui viennent de la betterave et de grains sont plus dangereuses parce qu'elles contiennent des alcools propylique, butylique et amylique. Ces deux derniers sont les plus toxiques, et c'est pour cela que les eaux-de-vie de pomme de terre, qui en contiennent parfois près de 5 pour 100, sont les plus nuisibles de toutes. Ces alcools, dits supérieurs à cause de leur poids moléculaire, sont intimement liés à l'alcool éthylique, et on ne peut les en séparer complètement que par des distillations fractionnées, faites avec le plus grand soin et, par conséquent, dispendieuses. Les rectifications qu'on pratique d'habitude dans l'industrie se bornent à enlever leur mauvais goût aux esprits pour les faire accepter par les consommateurs, mais elles ne les dépouillent pas complètement de leurs principes toxiques. D'ailleurs, les alcools à 85 degrés, ainsi que les trois-six du commerce, qui contiennent encore leurs mauvais goûts *de tête et de queue*, sont employés, sans autre rectification, au vinage, à la préparation de l'absinthe, ainsi qu'à la fabrication du kirsch et du rhum artificiel du commerce. C'est pour cela que ces boissons sont plus nuisibles que l'eau-de-vie, qui est constituée en général par 42 à 48 parties d'alcool bien rectifié, 58 à 52 parties d'eau et une matière colorante.

En résumé, toute liqueur qui renferme en proportion notable un des alcools supérieurs dont je viens de parler est une boisson toxique ; ce n'est pas seulement l'ivresse qu'elle détermine, c'est un empoisonnement dont les résultats sont terribles pour les familles et pour les nations, alors que ceux qui s'abandonnent à cette passion ne sont plus des individualités isolées et qu'ils forment légion. Bien que ces conséquences désastreuses soient généralement connues, il n'est pas sans intérêt de les faire ressortir encore, et surtout de mettre en relief certains côtés de la question sur lesquels on ne s'est pas suffisamment appesanti.

Tout le monde connaît les effets de l'alcoolisme aigu, l'état dégradant dans lequel il plonge celui qui y est en proie, les querelles, les rixes qu'il amène, les morts subites, les suicides, les crimes qu'il cause parfois ; mais les conséquences de l'alcoolisme chronique sont moins connues. Cette forme est plus fréquente qu'on ne le croit, parce qu'on ne la reconnaît pas toujours. Il est une foule d'alcooliques qui ne vont jamais jusqu'à l'ivresse complète et qui parviennent à dissimuler leur vice à ceux qui les entourent. Les médecins ne s'y trompent pas. Ils les reconnaissent à l'expression du visage et du regard, qui est étrange et comme hébété, à la coloration un peu plus marquée du nez et des pommettes et au tremblement tout particulier des mains. Quand ces phénomènes se manifestent, le malade a depuis longtemps perdu l'appétit et le sommeil. La dyspepsie est déjà survenue et les troubles de l'intelligence et de la motilité ne tardent pas à se produire. Ce sont d'abord des fourmillements aux extrémités, des crampes et parfois des douleurs assez vives. Ces symptômes s'observent plus spécialement chez les buveurs d'absinthe. Puis viennent les cauchemars, les rêves effrayants auxquels succèdent bientôt les affreuses hallucinations du *delirium tremens*, que tous ceux qui sont au courant de la littérature moderne connaissent parfaitement aujourd'hui le malade, s'il appartient aux classes pauvres vient alors s'échouer dans un hôpital ou dans un asile d'aliénés. Du reste, que ce soient les troubles de l'intelligence ou les désordres organiques qui l'y amènent, c'est là qu'il doit fatalement finir ses jours. Cela se comprend. Que l'alcool s'introduise dans l'organisme par un usage quotidien et régulier, ou que le buveur en prenne de temps en temps des quantités considérables, ses effets sont les mêmes. Mêlé au sang qui baigne tous les organes, il ne peut pas manquer de les altérer dans leur texture et d'y produire à la longue des désordres incompatibles avec leurs fonctions. Cette altération lente est semblable à celle qu'amènent les années. L'alcoolisme, comme l'a dit M. Lancereaux, n'est, en somme, qu'une vieillesse anticipée ; j'ajouterai qu'elle ne se prolonge guère. Tandis que le buveur de vin peut parcourir une longue carrière, le véritable alcoolique ne résiste pas au-delà de dix ans.

Son existence n'est pas la seule qu'il abrège. Son vice le poursuit et le frappe dans ses enfants. Tous portent l'empreinte de l'hérédité. Chez quelques-uns, elle se traduit seulement par une mobilité nerveuse plus grande, une disposition aux convulsions dans le premier âge, à l'hystérie chez les jeunes filles ; mais tout se borne là. Chez d'autres, ce sont de véritables attaques d'épilepsie qui se montrent et, à la Salpêtrière, les trois quarts des enfants atteints de cette maladie proviennent de parents alcooliques. La prédisposition à la méningite tuberculeuse et, plus tard, à la phtisie pulmonaire, est également le lot de ces pauvres déshérités. Enfin, la plupart d'entre eux sont d'une intelligence bornée et quelques-uns apportent en naissant un penchant irrésistible pour les boissons fortes. Les soins de la famille ne parviennent pas toujours à les sauver du vice dégradant dont ils ont trouvé le germe dans leur berceau. Tous les médecins pourraient en citer des exemples ; et les familles détruites par l'alcoolisme ne se comptent plus[5]. Autant vaut sans doute qu'elles ne se perpétuent pas ; mais, si ce sont des individualités peu regrettables, il n'en résulte pas moins une perte pour la population, et cette considération a sa valeur dans un pays qui se dépeuple d'une façon aussi déplorable que le nôtre.

Ce que je viens de dire des désordres causés par l'alcool ne s'applique qu'aux gens qui en font un abus continuel. Pris en petite quantité, même alors qu'il n'est pas d'une qualité irréprochable, il n'apporte aucun trouble appréciable dans la santé parce que les éléments toxiques qu'il renferme y sont contenus en très faible proportion. C'est pourtant une boisson nuisible et dangereuse, surtout par l'attrait qu'elle inspire, par la pente sur laquelle elle entraîne ceux qui ne s'en méfient pas. Le nombre de ses victimes s'élève chaque année d'une façon sensible, et l'alcoolisme est devenu un péril social.

En pareille matière, on n'arrive jamais à porter la conviction dans les esprits tant qu'on se borne à des assertions vagues et qui ne sont pas fondées sur des chiffres ; aussi vais-je essayer de serrer la question de plus près, en ce qui concerne la France, et d'établir pour notre pays le bilan de l'alcoolisme d'une façon aussi précise et aussi exacte que possible.

II.

La consommation de l'alcool augmente chaque année, en France, dans des proportions inquiétantes. Elle a triplé, depuis trente ans, c'est-à-dire depuis que la fabrication des esprits d'industrie a pris tant d'importance à la suite de l'invasion du phylloxéra qui a détruit nos vignes.

En 1850, on fabriquait, en France, 891.500 hectolitres d'alcool pur, dont 815.000 provenaient des vins, cidres, marcs, îles et fruits, tandis qu'on n'en retirait que 76.500 de la pomme de terre, de la mélasse et des betteraves. Aujourd'hui, la proportion est complètement renversée.

En 1881, on a fabriqué 1.821.287 hectolitres d'alcool pur ; les vins, cidres, lies n'en ont fourni que 61.839, tout le reste est venu de la betterave, de la mélasse et de la pomme de terre. 1.759.448 hectolitres de cet alcool toxique ont été mis en circulation. Si l'on fait abstraction de la partie qui est dénaturée pour servir à l'éclairage, si l'on fait la balance des exportations et des importations, on trouve que la quantité soumise aux droits, et, par conséquent, consommée en France, a été, en 1881, de 1.444.156 hectolitres, ce qui, pour une population de 37.672.048 qu'accuse le recensement de cette même année, donne 3 litres 80 centilitres par an et par tête. Ces chiffres sont bien inférieurs à ceux que fournit la statistique des contrées du Nord de l'Europe et de l'Amérique, mais ils n'en sont pas moins dignes de toute l'attention des hygiénistes et des représentants du pays. Je vais calculer maintenant ce que cette boisson coûte à la France.

Je commence par éliminer de mon calcul toutes les boissons fermentées (vins, bière, cidre, etc.) et même les eaux-de-vie de bon aloi (eaux-de-vie de vin, de marc, de cidre ou de fruits). Elles sont assurément la cause de nombreuses ivresses, mais il faut faire la part de l'hygiène qui les réclame et puis aussi de ce penchant qui entraîne les hommes vers les liqueurs fermentées et auquel il faut bien donner satisfaction dans une certaine mesure. Je ne fais le procès qu'aux esprits d'industrie, à ceux qui causent une ivresse toxique, et je n'ai d'autre but que de montrer ce qu'ils coûtent à notre pays, ou, en d'autres termes, ce qu'il économiserait chaque année si la fabrication et l'introduction de ces produits étaient complètement interdites.

Notre consommation annuelle est de 1.444.156 hectolitres. Le prix moyen de l'hectolitre a été, depuis dix ans, de 63 francs. Cela fait donc une dépense annuelle de 90.981.828 francs. Voilà un premier chiffre constant, irréfutable.

Le second, celui qui résulte des dépenses et des pertes causées par l'ivresse, est plus difficile à établir. On peut, toutefois, y arriver d'une façon approximative en calculant ce que l'alcoolisme coûte en journées de travail perdues, en frais de traitement et de chômage, en supputant la part qui lui revient dans les frais de justice, les pertes occasionnées par les suicides et par l'aliénation mentale.

Pour calculer le premier de ces éléments, il faut d'abord évaluer la quantité d'alcool nécessaire pour déterminer chez un adulte une ivresse capable de l'empêcher de travailler pendant une journée. Cette quantité, qu'on peut regarder comme une unité dans l'espèce, je l'évalue en faisant largement les choses, à 20 centilitres, qui représentent environ un 1/2 litre d'eau-de-vie, puisque, d'après la dernière enquête faite dans les débits de Paris, le titre moyen des eaux-de-vie qu'on y vend est de 37° 50.

Supposons maintenant que le tiers de la consommation totale soit absorbé par des gens qui n'en font pas abus, il restera encore, au compte de l'ivresse, 962.771 hectolitres d'alcool pur représentant 481.385.500 journées de travail perdues, soit à 2 francs la journée, ce qui est un minimum, comme je l'ai prouvé ailleurs, 962.771.000 francs.

Une perte semblable pourrait être supportée sans trop de préjudice dans un pays où la population serait exubérante et le travail en excès ; mais la France se trouve dans des conditions absolument opposées ; la population ne s'accroît plus que dans des proportions insignifiantes, et la main-d'œuvre fait défaut partout. Les campagnes manquent de bras, parce que les populations rurales sont entraînées vers les villes par des attraits de tout genre au milieu desquels l'alcool tient sa place. Cette émigration rend la culture du sol difficile et dispendieuse ; l'agriculture ne peut ni soutenir la concurrence étrangère, ni subir les transformations qui lui seraient nécessaires pour lutter contre elle. Noire sol, mieux cultivé, pourrait produire le double de ce qu'il rapporte. Et ce ne sont pas seulement les champs qui manquent de bras ; tous les métiers pénibles, fatigants, peu rétribués, sont dans le même cas. Ce qui le prouve, c'est la quantité de plus en plus considérable d'étrangers qui viennent travailler chez nous. Dans le Nord, ce sont les Belges qui labourent nos champs et peuplent nos usines ; dans le Midi, ce sont les Italiens et les Espagnols qui se chargent de la grosse besogne ; les Lucquois viennent, tous les ans, en Corse pour y faire la moisson. Au dernier recensement, le nombre des étrangers vivant sur notre sol s'élevait à 1.001.100. Cet élément étranger augmente chez nous treize fois plus vile que la population indigène, et, si cela continue, dans cinquante ans, la France comptera 10 millions d'étrangers. Les dangers de cette invasion frappent les yeux de tout le monde ; mais je ne dois m'en occuper qu'au point de vue de la quantité de travail que ces immigrants nous fournissent. En admettant qu'il n'y en ait que les trois quarts d'occupés et que chacun d'entre eux ne le soit que 300 jours par an, à 2 francs par jour, cela fait une somme de 450.495.000 francs que nous leur payons annuellement et dont nous ferions l'économie si nous pouvions amener nos alcooliques à travailler un ou deux jours de plus par semaine, car ceux-là n'en consomment pas moins, eux et leurs familles, les jours où ils ne produisent pas. C'est donc bien réellement une perte sèche pour le pays que celle qui résulte de leur vice.

En ce qui concerne les accidents et les maladies, on sait que d'alcool en est souvent la cause chez les paysans comme dans la classe ouvrière. En évaluant le nombre des blessés et des malades par alcoolisme à un dixième du nombre total, je suis certain, cette fois encore, de rester au-dessous de la vérité. Or, j'ai prouvé dans mes recherches sur la valeur économique de la vie humaine, que la maladie coûtait chaque année à la France, en frais de traitement et de chômage, 708.420.585 francs, dont le dixième constitue une nouvelle somme de 70.842.000 francs à porter au compte de l'alcoolisme.

Il paie un tribut plus considérable à l'aliénation mentale. Le nombre des fous que l'ivresse amène dans les asiles a été en moyenne de près de 14 pour 100 pendant la période de dix ans comprise entre 1866 et 1876. Or, abstraction faite des aliénés qui restent dans leurs familles et échappent, par conséquent, au calcul, ceux qui sont traités dans les établissements spéciaux coûtent par an au pays 16.580.703 francs, dont les 14 centièmes, soit 2.321.300 fr. incombent à l'alcoolisme.

La proportion des suicides qui lui sont dus est à peu près la même, d'après Lunier (13.41 pour 100). Or, il y a en France 6.638 suicides par an, dont 5.184 hommes et 1.454 femmes. Comme ce sont presque toujours des personnes dans la force de l'âge, on peut évaluer la valeur économique de la vie des premiers à 4.000 francs et celle des secondes à 2.000, ce qui, à raison de 13.41 pour 100, donne une nouvelle somme de 3.170.000 (francs à porter au compte de l'alcool.

Faisons maintenant la part des frais de justice. Les statisticiens estiment que près de la moitié des crimes sont dus à l'alcool. Baër, de Berlin, a trouvé qu'en Allemagne la proportion était de 43.9 pour 100 pour les hommes et de 18.1 pour 100 pour les femmes. En Belgique, la proportion est encore plus forte. En Angleterre, en 1877 et 1878, sur 676.000 crimes, 285.000 relevaient de l'alcoolisme. Supposons qu'en France la proportion soit un peu plus faible et estimons-la à 40 pour 100 ; comme le service des prisons, les frais de transféreraient et les dépenses de la transportation s'élèvent ensemble à 22.236.304 francs par an, 40 centièmes, soit 8,894,500 francs, doivent être portés au compte de l'ivresse. Je ne parle pas des frais de poursuites, parce qu'on m'objecterait avec raison que, l'alcoolisme vînt-il à disparaître, il n'y aurait pas un tribunal ni un juge de moins. C'est pour la même raison que je n'ai pas songé à faire entrer dans mes calculs la réparation pécuniaire des dommages causés par les alcooliques dans leurs attentats contre les personnes et contre les propriétés.

Je suis maintenant en mesure d'établir le budget des dépenses de ce vice ruineux et humiliant. Voici comment il se règle :

Prix de l'alcool, consommé	90,981,800 francs.
Journées de travail perdues.	962,771,000 —
Frais de traitement et de chômage	70,842,000 —
— pour aliénation mentale	2,321,300 —
Suicides	3,170,000 —
Frais de répression pour les criminels	8,894,500 —
Total	1,138,980,000 francs.

Ainsi donc, indépendamment de la honte et de la dégradation, comme supplément au désordre, à la ruine, aux douleurs des familles, comme surcroît à l'atteinte portée à la race, au caractère et aux forces vives du pays, l'alcool lui coûte encore plus de 1.100 millions par an. Il s'agit de nous soustraire, dans la mesure du possible, à ce tribut dégradant. C'est un des problèmes sociaux dont la solution s'impose aux hommes de notre génération ; c'est une des questions qui sont en ce moment à l'étude. Les représentants du pays commencent à s'en émouvoir et l'opinion publique s'en est emparée. La solution n'en est pas facile, mais elle ne dépasse pas la mesure de nos forces. La France n'est pas un pays fatalement voué à l'alcoolisme. Sa race et son climat ne l'y condamnent pas. Si nos provinces du Nord se ressentent du voisinage des contrées septentrionales, celles du Midi confinent à l'Espagne et à l'Italie et s'en rapprochent par le type physique et les mœurs de leurs habitants. Or la sobriété des populations méridionales est connue de tout le monde. Dans les pays aimés du soleil, où croît la vigne et où l'on récolte le vin, on ne songe pas à boire autre chose et, si l'ivresse n'y est pas complètement inconnue, on ne l'y observe qu'à l'état d'exception ; encore s'y présente-t-elle sous une forme moins rebutante. Un coup d'œil jeté sur les cartes de Lunier montre que la consommation de l'alcool s'élève avec la latitude et qu'elle atteint son maximum dans les départements du Nord, où celle du vin est presque nulle. Une ligne tirée de l'embouchure de la Loire au Ballon d'Alsace exprime assez exactement les limites inférieures de la zone au nord de laquelle l'alcoolisme règne en maître, où la population en consomme annuellement de 3 à 10 litres par habitant. Cette zone renferme à peine 26 départements. Ce n'est pas le tiers de la France. Aussi, tandis qu'en Angleterre et en Russie le nombre des victimes de l'alcoolisme s'élève environ à 100.000 par an, chez nous on n'en compte pas plus de 2.000.

Dans notre pays, du reste, et c'est un fait d'une importance capitale, ce vice s'est déplacé en se transformant. L'alcool s'infiltre dans les sociétés comme l'eau de pluie dans le sol, en suivant les lois de la pesanteur. Il abandonne peu à peu les couches les plus élevées pour se répandre dans les profondeurs. Chez nous, les classes supérieures s'en sont presque complètement affranchies, tandis qu'il s'étend parmi les populations ouvrières et chez les paysans. C'est une vérité d'évidence pour tous les hommes dont les souvenirs remontent au commencement du siècle.

Il y a cinquante ans, on trouvait des buveurs dans tous les rangs de la société, dans la magistrature comme au barreau, chez les médecins comme dans le commerce, et lorsqu'ils rachetaient cette imperfection par quelques qualités qui se concilient volontiers avec les habitudes d'ivresse, on leur pardonnait leur intempérance. On savait seulement qu'il était imprudent d'aller les trouver après une certaine heure, et on respectait le recueillement dont ils avaient besoin de s'entourer. Les grands repas, les dîners de famille étaient interminables. Ce qui s'y consommait en aliments et en vins épouvanterait les estomacs dyspeptiques des hommes et surtout des femmes d'aujourd'hui ; mais alors cela ne déplaisait à personne et, quand, après le dessert, chacun avait entonné sa chanson, une aimable gaîté animait tous les convives. C'était l'heure des épanchements, des confidences, — parfois aussi des querelles, car le vin exagère toutes les dispositions, les mauvaises comme les bonnes, mais une longue nuit de sommeil faisait oublier tout cela. Aujourd'hui les dîners sont courts, somptueux, les mets sont recherchés, mais peu copieux. Les vins sont variés, portent des noms retentissants ; mais ils sont versés avec une extrême réserve par des serviteurs corrects et qui semblent accomplir un sacerdoce. La conversation est discrète, rarement générale, jamais bruyante. On se lève au bout d'une heure, et la soirée s'achève au milieu d'entretiens paisibles relevés par un peu de musique. Chacun se retire avec la conscience en repos, et bien certain qu'il n'aura pas à se repentir le lendemain de ce qu'il a pu dire ou faire dans la soirée précédente. Dans le monde, une ébriété, même légère, passe pour une haute inconvenance, et l'alcoolisme vous met hors la loi. Les estaminets ne sont plus fréquentés que par les jeunes gens, et la vie de café commence à leur déplaire de bonne heure. Je ne parle pas des sphères gouvernementales. Il y a longtemps déjà que l'alcoolisme ne les haute plus ; et c'est un fait qu'il faut enregistrer à notre louange, car, en cherchant bien sur la carte de l'Europe, on finirait certainement par trouver ries pays qui n'en sont pas arrivés là, et où l'alcoolisme règne encore dans les régions les plus élevées.

Le même progrès s'est fait remarquer d'une manière bien plus sensible encore dans l'armée et dans la marine.

D'après une statistique produite par M. Chassagne au congrès international de 1878, les décès causés dans l'armée par l'ivresse alcoolique aiguë et le *delirium tremens* ont diminué de plus de moitié en sept ans. Cela tient à la durée moindre du service militaire, à l'absence de vieux soldats sous les drapeaux et à l'oubli des vieilles traditions. Le même résultat se constate dans la marine pour des raisons analogues. Les matelots sont plus jeunes, les campagnes moins longues, le bien-être est plus grand à bord et la discipline s'est adoucie. Dans ma jeunesse, lorsque la vie des hommes s'écoulait presque entière à bord des navires, au milieu des privations les plus dures et sous une discipline de fer ; dans ce temps où les équipages n'allaient presque jamais à terre et faisaient parfois de longues campagnes sans y mettre le pied, quand on arrivait dans un port de France, que cette consigne sévère venait à cesser, quand le navire, arrivé la veille des mers du Sud ou de l'Océan-Indien, jetait son monde sur le pavé de Brest ou de Toulon, c'étaient alors des orgies et des scènes de désordre dont on n'a plus d'idée aujourd'hui. Les querelles dans les cabarets, les rixes avec les soldats de la garnison, ne tardaient pas à se généraliser, chacun prenant parti pour les siens, les magasins se fermaient, la ville avait l'air prise d'assaut, et les autorités militaires et maritimes avaient toutes les peines du monde à rétablir l'ordre en réunissant leurs efforts. Dans ces journées d'orgie, les équipages oubliaient leurs trois années de privations et dépensaient l'arriéré de solde de toute leur campagne. Les mœurs maritimes ont complètement changé. Aujourd'hui le temps de service est court, les matelots sont jeunes et dociles. Ils se trouvent bien à bord, vont souvent, à terre, n'y font pas de bruit et n'ont plus d'argent à perdre.

On doit attribuer à des causes analogues la sobriété des officiers dans les armées de terre et de mer. C'est le bien-être, le confortable, qui se sont introduits à bord, les traversées plus courtes, les absences moins longues, la correspondance plus facile avec la mère-pairie. C'est surtout le niveau de l'éducation qui s'est élevé avec la distinction des manières et qui a prévalu sur les habitudes de gaillard d'avant.

Le signe matériel de cette transformation a consisté dans la substitution du vermouth à l'absinthe parmi les jeunes officiers de l'armée et de la marine. A un âge où l'appétit est si franc, si régulier, on s'imagine, je ne sais pourquoi, qu'il est indispensable de prendre un apéritif avant chaque : repas. Ce préjugé une fois admis, il est certain qu'il vaut mieux prendre un verre de vin amer que d'absorber ce poison vert fait avec un alcool de mauvaise qualité et une essence toxique qui cause l'épilepsie. On ne peut donc que se féliciter d'un changement d'habitudes qui est devenu général, car, même en Algérie, où l'absinthe a fait, dit-on, plus de victimes que les balles des Arabes, on n'en boit presque plus. En résumé, il n'y a qu'à laisser marcher les choses pour voir les habitudes d'ivresse disparaître peu à peu, des classes moyennes. C'est l'affaire de l'instruction et de l'opinion publique, qui n'a plus pour ce vice la tolérance des temps passés. Il s'est déjà réfugié dans les très petites villes, où il a pour complices le-désœuvrement, l'ennui et la fréquentation forcée des cafés, qui sont le seul lieu de réunion pour les hommes.

Il en est tout autrement, dans, les régions inférieures de la société. L'alcoolisme y a fait des progrès notables depuis que la fabrication des esprits d'industrie s'est accrue, que leur goût s'est amélioré par une rectification plus soignée et qu'ils ont diminué de prix pendant que les salaires augmentaient dans la même proportion. C'est parmi les ouvriers surtout qu'il exerce ses ravages. C'est dans leurs rangs qu'il fait le plus de prosélytes, et c'est pour eux qu'il développe toutes ses séductions. Pour comprendre L'attrait qu'exerce ce mélange d'eau et de trois-six, il faut se mettre à la place de ceux qui le boivent.

L'ouvrier des grandes villes, lorsqu'il se réveille après un lourd sommeil, encore fatigué de son travail des jours précédents et dans l'atmosphère viciée de son logement garni, éprouve une sorte de prostration, un malaise indéfinissable qui lui rend la reprise de ses occupations très pénible. Ses vêtements sont humides, car il a plu la veille, il les endosse et sort en frissonnant. C'est l'hiver, le jour commence à poindre, la pluie tombe, fine et drue, sur le pavé glissant. Il fait sombre, il fait froid. L'ouvrier songe à la rude journée qui commence et à celles qui la suivront. Le passé sans joie, le présent misérable, l'avenir menaçant, tout cela flotte dans sa tête et il va devant lui, triste et découragé. Un cabaret se rencontre sur sa route, c'est le refuge. Il y entre, se fait servir un verre d'eau-de-vie et l'avale d'un trait. Alors tout change. Un sentiment de chaleur et de bien-être, une sensation de vigueur accrue remplacent le malaise de tout à l'heure ; les idées deviennent moins sombres ; les papillons noirs s'envolent avec les vapeurs de l'alcool ; le travailleur, un instant consolé, reprend le collier de misère avec un soupir de soulagement et se rend à l'atelier. Que celui-là lui jette la première pierre qui, dans sa rude vie de soldat ou de marin, n'a jamais été forcé de demander à l'alcool un soutien momentané et la force nécessaire pour continuer sa tâche. Cependant c'est là qu'est le péril. Cette eau-de-vie, prise à jeun, tombant dans un estomac vide et reposé, y cause une sensation de brûlure qui, se reproduisant tous Iles jours, ne tarde pas à amener la gastralgie, en attendant des désordres plus sérieux. Enfin, cette habitude même tout droit à l'alcoolisme. L'impression de bien-être et de réconfort, produite par le premier verre, ne tarde pas, à s'épuiser et il faut revenir à la charge ; puis vient le moment où d'ouvrier quitte son travail. S'il est garçon, il n'a pour perspective que le garni infect dont nous l'avons vu sortir le matin, et il entre dans le premier débit venu. S'il est marié et s'il a commencé à boire, c'est pis encore. Ce qui l'attend au logis, c'est la mansarde obscure et froide, la femme maussade parce qu'elle souffre, les enfants déguenillés, hâves et demandant du pain. A cette pensée, son cœur se serre et, quoique sachant fort bien que cette misère est le produit de son vice, il ne se sent pas le courage d'en affronter la vue et il retourne au cabaret. Là tout contraste avec son triste intérieur. C'est la clarté chaude et joyeuse, le bruit des verres, les rires et les propos des camarades. Il y trouve, en un mot, avec le luxe en moins, tout ce que les gens du monde vont chercher dans les cercles. Dans les cabarets, on boit, on joue, on fume, on cause, on règle les destinées du pays, et puis on boit encore, l'ivresse arrive et, lorsque la nuit est déjà avancée, l'ouvrier honteux, titubant, farouche, rentre au logis, s'irrite contre les malheureuses victimes de son intempérance et leur apporte une honte et un mauvais exemple de plus. Bientôt l'habitude s'enracine ; chaque jour les séances au cabaret deviennent plus longues, les libations plus copieuses et la misère plus profonde au logis. En même temps la santé s'altère et les entrées à l'hôpital se multiplient, jusqu'au jour où l'alcoolique succombe, en abandonnant sa famille à la charité publique, en léguant à l'état de jeunes recrues pour l'armée du vice et souvent du crime.

Le paysan n'a ni les mêmes facilités ni les mêmes tentations. Il ne peut s'enivrer que le jour où il vient à la ville ou au bourg. En Bretagne, c'est le dimanche. La messe une fois entendue, les paysans entrent au cabaret, graves, silencieux. Ils boivent jusqu'à ivresse complète, s'en retournent en titubant jusqu'à la ferme et se couchent pour cuver leur eau-de-vie, à moins que, pour abréger la distance, ils ne restent en chemin, étendus dans quelque fossé.

L'eau-de-vie qu'ils boivent est encore plus mauvaise que celle qu'absorbent les ouvriers, et ces pauvres gens qui, pendant toute la semaine ont vécu de végétaux et de féculents, n'ont bu que de l'eau ou parfois un peu de lait, s'enivrent avec la plus grande facilité. Leur détestable régime les rend souvent gastralgiques ; cet empoisonnement hebdomadaire est suivi d'un ou deux jours de maladie qui les débilitent encore ; mais ils ont ensuite le reste de la semaine pour se reposer et, en matière d'alcool, c'est l'usage quotidien qui est terrible. Aussi les paysans résistent-ils beaucoup plus longtemps que les ouvriers.

En somme, ce sont là les deux classes de la société sur lesquelles l'attention doit se concentrer et, comme elles représentent les trois cinquièmes de la population de la France, elles valent la peine qu'on s'en occupe. Les soustraire à ce péril n'est pas chose facile ; dans tous les cas, on ne doit pas compter sur un résultat immédiat. On n'arrivera pas plus à supprimer l'ivrognerie qu'on n'est arrivé à faire disparaître le vol et le meurtre, ce qui n'empêche pas de les poursuivre.

Il ne faut pas se flatter non plus de l'espoir de corriger les gens qui sont devenus alcooliques. Si ce vice n'est pas absolument incurable, il s'en faut bien peu. Pour ma part, dans le cours de ma longue carrière, je ne me souviens pas d'avoir observé plus d'une ou deux guérisons : encore ne répondrais-je pas de leur solidité, si les malades se trouvaient placés dans un milieu favorable à la récidive. C'est à prévenir cette terrible habitude qu'il faut s'appliquer. Il faut surtout tâcher d'en préserver les jeunes sujets. C'est pour cela que nous avons toujours demandé, avec insistance, la suppression de cette ration d'eau-de-vie qu'on délivre tous les matins, à bord des navires de l'état, aux matelots et même aux novices. Nous avons obtenu qu'on la diminuât de moitié. Au lieu de huit centilitres, on ne leur en délivre plus que quatre ; mais c'est encore trop, et nous ne devrions pas faire de nos navires des écoles d'alcoolisme.

Dans les campagnes, les enfants commencent à boire dès l'âge de onze à douze ans, et j'ai souvent été stupéfait en voyant l'aisance avec laquelle de petits Bretons de cet âge ingurgitent un verre d'eau-de-vie d'un seul trait et sans sourciller.

III.

La question de l'alcoolisme et des remèdes à lui opposer est une de celles qui ont été le plus souvent agitées, tant dans les congrès d'hygiène que dans les réunions d'économistes, mais, en général, on s'en est tenu à des vœux platoniques ou à des demi-mesures. Ce qui fait toujours défaut dans les discussions de ce genre, c'est la notion bien nette de la subordination réciproque des intérêts et de la nécessité de laisser de côté les considérations de second ordre, quand il s'agit de conjurer un péril social. Lorsque ceux qui tiennent en main les destinées d'un grand pays ne se sentent pas le courage ou la force nécessaire pour froisser certaines sympathies, pour affronter des résistances et des rancunes faciles à prévoir, eh bien ! alors il faut qu'ils reconnaissent leur impuissance et cèdent la place à des gens plus résolus.

Aucune nation n'est encore parvenue à résoudre le problème. Chacune d'elles en a demandé la solution aux moyens qui étaient le plus en rapport avec son caractère et son tempérament. L'Angleterre et l'Amérique, pays de liberté et d'initiative privée, ont en recours à la persuasion. Elles ont fondé des sociétés de tempérance, publié de petits livres et fait de la propagande par tous les moyens. Les pays autoritaires du Nord de l'Europe se sont armés de lois répressives. Aucun de ces moyens n'a complètement réussi, mais tous ont en quelque effet. Il faut convenir toutefois que les mesures coercitives donnent des résultats plus surs et surtout plus prompts que les autres.

Les prédications et les conférences, les sociétés de tempérance elles-mêmes n'ont pas produit tout le bien qu'on pouvait en attendre. On sait que l'initiative en est venue de l'Amérique. La première société a été fondée à Boston en 1813 ; mais cette innovation ne fut pas prise au sérieux et succomba sous les railleries des buveurs.

48

Reprise en 1820 sur des bases plus radicales et dans la même ville, l'idée fut accueillie avec moins de défaveur. Elle fit son chemin avec l'appui des ministres protestants, qui se livrèrent à la propagande la plus active. Toutes les villes de l'Amérique du nord eurent leurs sociétés semblables à celle de Boston et comme elles fondées sur l'abstinence absolue des boissons alcooliques.

L'Angleterre s'empressa de suivre ce mouvement. En 1828, une première société fut créée à Glascow ; en 1844, la ligue de tempérance écossaise se fonda à Falkirk et se mit en devoir d'agiter l'opinion publique, grâce au zèle et à l'éloquence du révérend Matthew, qui a consacré son existence tout entière à cette régénération sociale. En 1878, vingt-quatre ligues s'étaient formées de l'autre côté du dehors et comptaient 4.500.000 adhérents. Leur nombre n'a fait que s'accroitre depuis cette époque. Les uns, *les tempérants*, se bornent à combattre l'abus des boissons fermentées ; les autres, *les néphalistes* pratiquent et professent l'abstinence absolue. Les uns et les autres prêchent souvent dans le désert. Leur propagande n'a pas produit de grands résultats sur le continent et n'y a jamais passionné l'opinion au même degré qu'en Angleterre et qu'en Amérique. Il s'est bien formé des sociétés de tempérance en Hollande, en Suède, en Suisse et en Allemagne, où l'on en comptait 1.250 en 1846. Il en existe encore dans ces contrées ; mais le mouvement s'est manifestement ralenti. La Russie n'y a jamais pris part et, en France, sauf quelques tentatives faites à Amiens et à Versailles, la seule société qui ait prospéré est celle qui fut fondée à Paris en 1872 et sur l'initiative de laquelle s'est réuni le congrès international de 1878. C'est là que nous avons entendu M. de Colleville exposer au nom de cinq ligues anglaises qui s'y étaient fait représenter, les efforts faits de l'autre côté de la Manche et les bienfaits qu'on en avait retirés. Je ne puis entrer plus avant dans la question des sociétés de tempérance sans sortir de mon programme. Je me borne à en constater les résultats. Il est certain que l'œuvre des ligues néphaliennes n'a pas été stérile, mais il est incontestable également que le fléau qu'elles combattent sans relâche sévit toujours avec la même intensité. Voici dans quels termes le ministre des affaires étrangères à Washington, M. Everest, établissait, il y a quelques années, le bilan de l'alcoolisme aux États-Unis : « Depuis dix ans, disait-il, l'alcoolisme a coûté à l'Amérique une dépense directe de 3 milliards, et une dépense indirecte de 600 millions. Il y a détruit 300.000 individus, envoyé 100.000 enfants aux maisons des pauvres, consigné au moins 150.000 personnes dans les prisons et 10.000 dans les asiles d'aliénés. Il a poussé à la perpétration de 1.500 assassinats, causé 2.000 suicides, incendié ou détruit pour 50 millions de propriétés, fait 200.000 veuves et 1 million d'orphelins. » Ces chiffres ne sembleront pas exagérés si l'on songe qu'il s'agit d'un laps de dix années, que l'Amérique compte aujourd'hui 50 millions d'habitants et qu'on y consomme en moyenne 8 litres 50 d'alcool par an et par tête.

L'Angleterre, d'après les déclarations faites par M. Thomas-Irving White, représentant de la ligue de tempérance de Londres au congrès international de 1878, l'Angleterre, dis-je, dépense chaque année, en liqueurs fortes, 2.922.130.075 francs et le nombre annuel des décès causés par l'alcoolisme y est évalué à 100.000.

On le voit, les sociétés de tempérance n'ont pas sensiblement atténué le mal dans les pays où elles ont développé le plus d'efforts. Ce n'est pas une raison pour décourager leur zèle. Leur action ne peut s'exercer qu'avec le temps, et elles ont besoin de s'appuyer sur ces deux éléments de tout perfectionnement social : le progrès de l'instruction dans les masses et l'augmentation du bien-être qui en est la conséquence. C'est la même pensée que le président de la ligue belge a formulée, en 1882, dans des termes différents : « Il n'y a que deux remèdes contre l'alcoolisme, a-t-il dit, la suppression de la misère et la suppression de l'ignorance. » Il est certain que le jour où tout le monde sera bien convaincu que l'alcool est un poison, que celui qui en use compromet sa santé et abrège sa vie, que celui qui en abuse a pour perspective un fit d'invalide dans un hospice ou un cabanon dans un asile d'aliénés, ce jour-là il y aura bien encore des alcooliques, mais ils seront en petit nombre, et leur exemple ne sera plus un danger. Il est évident encore que lorsque l'ouvrier pourra se procurer un logement salubre, propre et ensoleillé, qu'il y trouvera, en quittant l'atelier, une femme accorte et souriante, des enfants gais et bien tenus, il rentrera chez lui sans effort ; il y apportera le fruit de son travail et il y oubliera le cabaret. Il est probable même que si les philanthropes qui déploient un zèle si louable dans leur propagande avaient la pensée d'élever autel contre autel, et de créer pour les ouvriers des établissements confortables dans lesquels on leur débiterait, à des prix modérés, des boissons salubres et variées, ils en prendraient peu à peu le chemin. Ce serait une entreprise analogue à l'œuvre des fourneaux, qui agit exactement dans le même sens ; car, ainsi que l'a montré M. Yves Guyot, l'alcoolisme fait d'autant moins de ravages parmi les populations qu'elles sont mieux nourries.

Tous ces moyens, fondés sur la persuasion et sur le bon sens, sont des remèdes à longue portée. Avant que l'instruction et le bien-être aient modifié les goûts et les idées des classes inférieures, il s'écoulera bien des années, et, pendant ce temps-là, le flot de l'alcoolisme monte toujours. Il serait donc imprudent et déraisonnable d'attendre plus longtemps pour y mettre obstacle, alors qu'on peut faire appel aux mesures législatives, dont l'action est plus efficace et surtout plus prompte. Celles qui ont été mises à l'essai jusqu'ici sont : le monopole de la fabrication et de la vente de l'alcool, l'élévation des droits et la répression de l'ivresse. Le monopole a déjà son histoire. Le gouvernement russe en a usé pendant plusieurs siècles, et ce n'est que de nos jours qu'il y a renoncé. La Suède a adopté un système qui consiste à laisser aux communes le droit de concéder l'exploitation des débits à des sociétés privilégiées chargées d'organiser la vente sans pousser à la consommation. Chacun voit immédiatement ce qu'une pareille concession produirait chez nous.

En Angleterre, M. Chamberlain a proposé d'abandonner entièrement aux communes le monopole de l'alcool. Ce système me paraît dangereux. Il n'est jamais prudent de transformer les communes en sociétés de commerce, surtout lorsqu'il s'agit d'un produit comme celui-là.

L'Allemagne entre dans la même voie. Le 8 février dernier, une commission du conseil fédéral a reçu communication d'un projet de loi attribuant à l'état le monopole et la vente des spiritueux et lui laissant toute liberté pour fixer le prix de vente dans les débits. Ceux-ci devaient être établis par l'administration dans toutes les localités, et les boissons alcooliques y auraient été vendues d'après un taux officiel. Le gouvernement espérait retirer 375 millions par an de ce monopole ; mais, dans sa séance du 27 mars dernier, le parlement allemand a rejeté le projet de loi par 181 voix contre 66. Le grand chancelier ne se considère pas comme battu ; il espère trouver le moyen d'atteindre son but en se passant de l'adhésion du parlement. Il est probable qu'en entrant dans cette voie, il s'est plutôt préoccupé des intérêts du trésor que de ceux de l'hygiène, et, comme en France, les nécessités budgétaires ne sont pas moins impérieuses, la même pensée a dû se produire dans notre pays. C'est de chez nous, du reste, que l'idée est partie. Elle a été formulée, il y a six ans, par un professeur de la faculté de droit de Paris, qui est en même temps un hygiéniste distingué. M. Alglave a exposé, le 2 juin 1880, dans *la République française*, un système dont l'Allemagne semble s'être inspirée, tout en le modifiant. Il l'a développé au congrès de Genève en 1882 et l'a reproduit tout récemment dans le journal *le Temps*. Ce système, dont on s'est beaucoup occupé dans ces derniers temps, a surtout pour but d'assurer la pureté des liqueurs distillées et de diminuer les dangers qu'entraîne leur consommation. Pour assurer cette garantie aux buveurs, l'état se porterait acquéreur de tous les alcools. Il en ferait opérer l'analyse dans ses laboratoires et les revendrait ensuite aux débitons, ainsi qu'aux particuliers, à prix fixe et dans des bouteilles d'une forme particulière. Dans ce projet, l'état n'exerce qu'un monopole mitigé ; mais c'est encore un monopole, et le meilleur ne vaut rien. L'intervention de l'état dans les questions économiques est toujours fâcheuse. Lorsqu'un monopole est établi depuis longtemps, je comprends qu'on ne se décide pas à y renoncer, parce qu'on ne saurait où prendre les sommes qu'il rapporte ; mais il ne faut pas en créer de nouveaux. C'est bien assez qu'en France l'état soit déjà débitant de tabac et marchand d'allumettes, il ne faut pas qu'il se fasse cabaretier. Cette nouvelle mesure serait, d'ailleurs, tout à fait inopportune. Nos embarras financiers ne sont un secret pour personne, et si l'état prenait en main la vente de l'alcool, on serait en droit de dire qu'à bout de ressources il veut prélever un nouvel impôt dont les classes inférieures feront tous les frais. On ne manquerait pas d'ajouter, avec la même vraisemblance, que c'est un moyen de se procurer des emplois auquel le gouvernement a recours pour satisfaire l'avidité de ses créatures.

Il n'en est pas de même de l'élévation des droits. Elle est simple, d'une exécution facile, n'apporte aucun changement dans la perception, et, si on en appliquait le produit au dégrèvement des boissons fermentées dont il faut au contraire encourager la consommation, les classes laborieuses n'auraient qu'à s'en applaudir. Il n'est pas d'impôt plus légitime que celui qui pèse sur un vice ; il n'en est pas, en même temps, de plus salutaire. Si la consommation reste la même, c'est le fisc qui en bénéficie, et si elle diminue, c'est l'hygiène qui en profite.

C'est à l'aide de leurs surtaxes d'alcool que la plupart des communes de Bretagne font face à toutes leurs dépenses, et, comme tout impôt doit être voté par les chambres, il y a des époques où on ne peut pas ouvrir l'*Officiel* sans y trouver deux ou trois lois autorisant un certain nombre de communes à s'imposer de ces surtaxes. La plupart d'entre elles ont profité du bénéfice de la loi pour dépasser largement le chiffre normal de ces impositions.

La Société d'économie politique s'est occupée de ce sujet à sa réunion du 5 janvier 1885. Son président, M. Léon Say, avait proposé la question suivante : Y a-t-il lieu, pour parer aux dangers de l'alcoolisme, de restreindre la liberté du commerce des boissons ? La plupart des membres présents se montra contraire à l'élévation des droits ; mais ils se plaçaient plutôt sur le terrain de l'économie politique et de l'administration que sur celui de l'hygiène, et, dans l'opinion que j'expose, il n'est pas question de grever les boissons fermentées en général pour enrichir le trésor, il s'agit d'élever les droits sur l'alcool, qui est une liqueur toxique, pour abaisser ceux qui pèsent sur le vin, la bière et le cidre, qui sont des boissons hygiéniques. L'argument qu'on a toujours opposé à cette mesure est le suivant : l'élévation des droits ne diminue pas la consommation et elle augmente la fraude. Ce n'est là qu'une assertion, et il s'agit de savoir si elle est fondée. La consommation de l'alcool n'a pas diminué en France depuis que la loi du 1er septembre 1871 et celle du 30 décembre 1873 ont porté le droit primitif de 90 francs par hectolitre à 150 francs d'abord, puis à 156 fr. 25. Elle a même augmenté de 421.156 hectolitres de 1871 à 1881 ; mais il faut se rappeler que, pendant ces dix années, les ravages du phylloxéra ont réduit de près de moitié le rendement de nos vignobles. De 56.901.000 hectolitres il est tombé à 34.138.715 hectolitres, ce qui fait 22.762.285 hectolitres de moins et ceux-ci représentent une quantité d'alcool qui dépasse 2 millions d'hectolitres et qui est, par conséquent, cinq fois plus forte que celle des alcools d'industrie qui ont été consommés pour la remplacer. On a donc, en somme, sous une forme ou sous une autre, absorbé beaucoup moins d'alcool qu'auparavant. On ne peut, d'ailleurs, tirer aucune conclusion de faits pareils. Pour juger par comparaison, il ne faut pas s'adresser à un pays comme la France où la consommation de l'alcool est complémentaire de celle du vin, où cette dernière varie dans des proportions si considérables, suivant les provinces et suivant les époques ; il faut s'adresser aux pays où ces conditions sont invariables comme les contrées du Nord. Eh bien ! en Russie, l'élévation des droits sur l'alcool, qui a doublé de 1863 à 1882, jointe à la réduction du nombre des débits, a diminué de près de moitié la consommation des alcools. Les droits rapportent à la Russie 234 millions de roubles par an et constituent environ le tiers de ses ressources budgétaires.

En Allemagne, au contraire, les droits sont très faibles et l'alcoolisme fait des progrès effrayants. Ainsi, en Prusse, les droits sur l'alcool sont de 33 fr. 92 par hectolitre et rapportent à l'état 261 millions de marcs par an. On compte, à Berlin, un débit par 33 adultes mâles et on a arrêté, en 1880, 7.900 ivrognes. En Bavière, l'alcool ne supporte qu'un droit de 17 fr. 50 par hectolitre, et, en Wurtemberg, il n'est que de 13 fr. 50. Ces pays allemands sont la terre promise des alcooliques. La bière y est excellente et l'eau-de-vie y est à bon marché. C'est une ressource que les gouvernements s'étaient réservée pour l'avenir, et la Prusse, comme nous l'avons dit plus haut, s'apprête à en faire son profit.

On ne comprendrait pas que l'élévation des droits ne diminuât pas la consommation. Les gens qui s'enivrent avec ces esprits d'industrie en boivent tant qu'ils ont de l'argent. En Bretagne, les ouvriers habiles et bien rétribués ne travaillent que le : nombre de jours strictement nécessaire pour se procurer l'argent qu'il leur faut et s'enivrent le reste de la semaine. Plus le prix de la journée s'élève et plus le nombre de journées diminue.

L'argument tiré de l'augmentation de la fraude ne me touche pas davantage. Il est plutôt commercial qu'hygiénique, et, du reste, il n'est pas fondé. On l'a mis en avant en 1871 quand on tripla les droits sur l'alcool et l'événement n'a pas justifié ces craintes. L'assemblée nationale y mit bon ordre en imitant l'Angleterre et en donnant à l'élévation des tarifs l'appui d'une législation énergique. Les amendes de 500 à 5.000 francs devinrent la règle commune pour les contraventions en matière de spiritueux, et les emprisonnements de dix jours à six mois eurent bientôt découragé les fraudeurs ainsi que leurs complices.

Les administrateurs compétents en pareille matière sont d'avis que les tarifs actuels sont assez élevés pour donner à la fraude toute l'activité qu'elle peut avoir et qu'elle n'augmenterait pas d'une manière sensible quand on viendrait à doubler les droits. L'administration des tabacs en a, du reste, fait l'épreuve. La crainte de la fraude ne l'a pas empêchée d'imposer des droits six fois plus forts que la valeur de la matière première, et la fraude ne dépasse assurément pas le vingtième de la consommation.

Quant aux falsifications, elles n'ont pas plus d'importance au point de vue qui nous occupe. On ne peut pas, en effet, substituer à l'alcool une autre substance jouissant des mêmes propriétés, attendu qu'il est le seul principe capable de produire l'ivresse recherchée par le buveur, et, d'ailleurs, son prix est trop minime. Les falsifications signalées par Chevalier, il y a trente-six ans, ne sont plus aujourd'hui ni possibles, ni profitables. Personne n'a plus l'idée de mêler à l'eau-de-vie du poivre, du gingembre, du pyrèthre ou de la stramoine pour la rendre plus forte, pas plus que d'y ajouter de l'acide sulfurique pour lui donner un petit parfum d'éther. On se borne aujourd'hui à additionner les esprits mal rectifiés de substances susceptibles d'en masquer le mauvais goût ou de leur communiquer un bouquet artificiel. M. Girard a dressé, l'art dernier, la liste des substances employées pour transe former en cognac et en rhum les mauvais alcools du commerce. Certaines d'entre elles ne sont pas inoffensives, ainsi que l'ont démontré les expériences récentes de M. Poincaré ; mais ces additions n'ont aucune influence sur le rendement de l'impôt. Elles font accepter par les consommateurs des alcools de mauvais goût qu'ils repousseraient sans elles, voilà tout. En somme, les alcools du commerce sont plus ou moins purs et, par conséquent, plus ou moins toxiques ; mais les fabricants ont intérêt à les rectifier aussi bien que possible pour économiser sur les droits et sur les frais de transport ainsi que pour satisfaire les consommateurs. Si les prix s'élevaient notablement, les débitants se borneraient à ajouter un peu plus d'eau, et ce serait tout bénéfice pour eux et pour les buveurs.

Les adversaires de l'élévation des droits redoutent surtout l'extension que pourrait prendre la fraude faite par les bouilleurs de cru. Il y a, ce me semble, une manière bien simple d'y mettre ordre : c'est de supprimer le privilège dont jouissent ces fabricants. Il leur avait été enlevé en 1872, et c'est en décembre 1875 seulement, au moment de se séparer, que l'assemblée le leur rendit, malgré l'expérience favorable des trois années précédentes. Les bouilleurs de cru ne fabriquent aujourd'hui que des quantités insignifiantes d'alcool (30.557 hectolitres en 1881) ; mais lorsque nos vignobles seront redevenus florissants, on en produira probablement dix fois davantage. La fraude pourrait prendre alors quelque importance, s'il n'intervient pas d'ici là une loi portant rétablissement de l'exercice tel qu'il a été pratiqué de 1872 à 1876. En Amérique, les bouilleurs de vins et de fruits sont soumis à l'excise, et cependant cette industrie a tout autant d'importance que chez nous, car il existait, en 1876, 2.264 bouilleurs contre 647 distillateurs.

En résumé, l'élévation des droits sur l'alcool me paraît une excellente mesure. Ils sont aujourd'hui de 156 fr. 25 par hectolitre. Ce chiffre est de beaucoup inférieur à celui que supportent les esprits chez la plupart des nations de l'Europe. En Angleterre, depuis 1862, le droit est de 477 francs par hectolitre d'alcool pur ; c'est presque le double du nôtre, et, pour assurer la perception de ce tarif élevé, on n'hésite pas à recourir à des mesures qui nous sembleraient tyranniques. Cet impôt, en 1870, a rapporté 272 millions de francs.

En Amérique, les spiritueux ne sont imposés que depuis 1862 et, dès 1864, le tarif était porté à 545 francs l'hectolitre. On a reconnu qu'il y avait là de l'exagération, et on l'a abaissé à 136 francs, puis il a remonté à 190 francs et, depuis 1865, il est de 245 francs. Il se perçoit à la distillerie même, ce qui est assurément le procédé le plus simple et le moins vexatoire. En Russie, le tarif est de 225 francs par hectolitre d'alcool pur, et, comme il porte sur 3.400.000 hectolitres, il produit par an 760 millions de francs. La perception, comme en Amérique, est concentrée dans les usines. Dans les Pays-Bas, le droit est de 230 francs par hectolitre d'alcool pur et rapporte environ 47 millions de francs. Dans les autres pays du nord de l'Europe, les tarifs sont très faibles. En Autriche-Hongrie, le droit est de 26 fr. 75 par hectolitre, en Danemark, de 30 francs, en Belgique, de 55 francs. J'ai fait connaître déjà les droits très faibles qui sont perçus en Allemagne ; l'impôt y est payé à la distillerie.

Nous pourrions prendre une moyenne entre les chiffres précédents et porter le droit à 300 francs, en substituant ce taux unique à celui de 156 fr. 25, qui se compose d'un principal et de deux décimes et demi, lesquels compliquent sans nécessité la comptabilité et la perception. Cet impôt de 300 francs est celui qui fut proposé en 1871 par M. Laboulaye à l'assemblée nationale, au nom de la commission nommée pour la répression de l'ivrognerie. L'assemblée jugea que c'était assez faire que de le porter de 90 francs à 150 et eut raison, parce qu'en pareille matière il faut se garder des exagérations qui conduisent tôt ou tard à la nécessité d'un dégrèvement, comme cela est arrivé en Amérique. Le relèvement de 148 fr. 75 par hectolitre procurerait au trésor un bénéfice annuel de 164.987.296 francs en nous basant sur le budget de 1881, et la consommation diminuât-elle d'un quart, la plus-value suffirait encore pour permettre de dégrever le vin, le cidre et la bière. Cette idée a déjà été émise par l'administration. Il existe, dans les bureaux du ministère des finances, un projet de loi remontant à cinq ou six ans, émanant de M. Rocou, directeur général des contributions indirectes, et dans lequel la proposition en est faite en termes précis. Cette mesure tendrait directement au but que vise l'hygiène et qui consiste, comme je l'ai dit, à favoriser la consommation des boissons fermentées, au détriment de celle de l'alcool. Il faut convenir toutefois que l'élévation des droits serait plus profitable pour le fisc que pour l'hygiène, si elle ne s'appuyait pas sur une répression énergique de l'alcoolisme.

De tout temps et dans tous les pays, des pénalités ont été instituées contre l'ivresse, depuis le code de Dracon, qui la punissait de mort, jusqu'à la loi française du 13 février 1873, qui se contente d'une amende de 1 à 5 francs. Cette loi suffirait, malgré son indulgence, si on voulait s'en servir. Dans les premières années où elle a été appliquée avec une certaine vigueur, de 1873 à 1876, on a prononcé en moyenne 70.659 condamnations par an pour ivresse tapageuse sur la voie publique. C'est le scandale qu'on a poursuivi ; mais, quant aux cabaretiers, les articles qui les concernent ont toujours été lettre morte. C'est qu'on ne veut pas se décider, en France, à considérer l'ivresse comme un délit. Ce n'est pourtant pas une fiction légale ; c'est bien un délit que commet celui qui se soustrait volontairement à l'empire de sa raison, perd la faculté de diriger ses actes, ruine sa famille, compromet l'avenir de ses enfants et les pervertit par le mauvais exemple. C'est un délit, et celui qui s'en rend complice est plus coupable que celui qui le commet, parce qu'il n'a pas l'excuse d'un penchant devenu irrésistible et qu'il n'a d'autre mobile que son intérêt. La répression de l'alcoolisme ne présente pas de difficultés. Le buveur est inconscient ; il se livre de lui-même et les cabarets sont d'une surveillance aisée. Quant aux pénalités, celles de la loi de 1873 suffisent. Cependant, il semblerait plus rationnel de se contenter de la prison pour les buveurs, qui sont le plus souvent insolvables, et de réserver l'amende pour les débitants, en y joignant la fermeture de leur établissement, après un certain nombre de condamnations encourues. L'article 6 de la loi de 1873 prononce bien cette peine pour le cas où les délinquants auront encouru déjà deux condamnations en police correctionnelle ; mais la fermeture ne peut pas excéder un mois, ce qui est complètement illusoire. Elle devrait être définitive : une personne qui s'est déjà fait punir deux fois ne mérite plus aucune confiance. L'interdiction définitive de se livrer, à cette industrie, étant prononcée par un tribunal, n'aurait pas le caractère d'arbitraire qu'où était en droit de lui reprocher lorsqu'elle dépendait de l'administration et que des considérations étrangères à l'hygiène et à la morale venaient s'en mêler.

La fermeture définitive a pour conséquence la nécessité de rétablir l'autorisation préalable avec les garanties sérieuses de moralité que le décret du 29 décembre 1850 exigeait des candidats à cette profession. Ce décret a été abrogé, en dépit des protestations unanimes des hygiénistes, par la loi du 17 juillet 1880 et, depuis lors, le nombre des débits a augmenté d'un quart dans certains départements. Cela se comprend : c'est un commerce agréable et lucratif. Au dernier recensement, on en comptait en France, au dire de M. Léon Say 320.000, soit 1 pour 100 habitants et pour 25 consommateurs. Le nombre des cas de folie furieuse, des crimes, des suicides s'est accru dans les mêmes proportions. Ce résultat était facile, à prévoir. Dans les classes inférieures, les gens qui s'enivrent à domicile et avec préméditation sont rares. Je l'ai dit plus haut : c'est le cabaret qui les attire. Plus il y en a, et plus la séduction est forte. L'homme qui commence à perdre la raison n'a plus la force de résister à cet attrait. Il rentrait chez lui par un effort de volonté ; il trouve un débit sur sa route, ses bonnes résolutions s'évanouissent, il y entre et s'y achève.

Il faut donc faire en sorte de diminuer ces établissements dangereux. Je ne serais pas d'avis d'en limiter le nombre par une réglementation qui pourrait être un peu arbitraire. On le fait en Russie et en Suède, et tout récemment la Suisse vient de s'y résigner, mais je crois qu'en France on atteindrait le même but avec moins de rigueur apparente, en appliquant rigoureusement la fermeture aux contraventions et en se montrant sévère pour les autorisations préalables. A l'aide de ces moyens, le nombre des cabarets dépendrait bien réellement de l'autorité judiciaire et de l'administration, qui se feraient ainsi équilibre, tout en marchant vers un même but.

En résumé, — car il faut toujours conclure, — il est possible d'atténuer les ravages causés par l'alcool, et les moyens les plus rationnels sont les suivants : 1) répandre le plus rapidement possible dans les masses une instruction propre à en élever le niveau moral et à y faire entrer le bien-être matériel ; 2) encourager les sociétés de tempérance, les conférences, les publications, tous les moyens de propagande qui peuvent éclairer l'opinion sur la gravité de ce péril social ; 3) élever les droits sur l'alcool et dégrever les boissons fermentées ; 4° appliquer sévèrement la loi sur l'ivresse, y ajouter la fermeture définitive des débits dans les conditions indiquées plus haut, et rétablir l'autorisation préalable en l'entourant de garanties sérieuses.

Parmi ces moyens, les premiers ne peuvent être que l'œuvre du temps et des progrès de la civilisation, les autres rentrent dans le domaine législatif et sont immédiatement applicables. Ces derniers sont simples et pratiques. Les mesures à prendre n'ont rien de vexatoire ;

elles sont réclamées par tous les hygiénistes et acceptées par tous les hommes qui ont souci des intérêts et de l'avenir de notre pays. Cependant je ne crois pas à leur réalisation immédiate. L'alcool est une puissance trop redoutable pour qu'on puisse l'attaquer en face dans l'état actuel de nos institutions et de nos mœurs. Les distillateurs et les bouilleurs de cru ont de solides appuis dans les sphères gouvernementales ; dans toutes les villes, les marchands de vin tiennent les débitants dans leurs mains, parce qu'ils les commanditent ou qu'ils leur font des avances, et les débitants ont une influence considérable sur leur clientèle. Tout ce monde-là est à la dévotion de l'alcool, les uns parce qu'ils en vivent et les autres parce qu'ils en meurent. Cette hiérarchie professionnelle tient le pays enlacé dans les mailles d'un réseau d'intérêts inavouables et par conséquent sans pitié. Lorsque la nation est appelée à choisir ses représentants, l'alcool est le grand électeur impartial qui coule pour tous les partis. Il a la parole dans les réunions publiques, il élève la voix dans les émeutes, et dans les guerres civiles c'est lui qui souffle sa furie ; le pétrole ne vient qu'après. Avec un pareil adversaire, la lutte n'est pas égale, car le temps n'est pas à la répression, il est tout à l'indulgence. La France, qui a toujours pris l'initiative des expériences sociales et qui en a fait tous les frais, en poursuit une en ce moment qui doit vivement intéresser ceux qui y assistent de loin. Elle fait l'essai loyal de l'impunité. Elle semble s'être donné pour mission de rechercher jusqu'à quel point la liberté de tout dire et de tout faire est compatible avec l'ordre matériel. Il faut convenir que jusqu'ici l'expérience n'a pas aussi mal réussi qu'on aurait pu le craindre avant de la tenter ; mais il est juste de reconnaître également que le régime sous lequel nous vivons n'est pas précisément l'idéal de l'ordre et de la sécurité ; or, comme ce sont les deux choses qu'on prise avant tout dans notre pays, il est clair qu'on ne poussera pas l'épreuve jusqu'au bout, qu'on se déclarera bientôt suffisamment éclairé, et qu'une réaction ne tardera pas à se produire. La loi sur les récidivistes accentue déjà cette tendance et doit donner à réfléchir aux alcooliques qui ont avec eux plus d'un point de contact. On se fatiguera à la longue de leurs méfaits et de leurs scandales, et je ne serais pas surpris de voir l'opinion publique triompher, dans quelques années, de cette tyrannie que nous imposent aujourd'hui les gens qui fabriquent l'alcool, ceux qui le débitent et ceux qui le boivent. S'il en était autrement, si nous devions attendre plus longtemps les mesures répressives qui s'imposent à toutes les convictions honnêtes, eh bien ! je compterais encore sur le bon sens des masses et sur l'instinct de conservation qui les anime. Ce qui est juste et nécessaire finit toujours par arriver. Si la raison ne parvenait pas à prévaloir dans l'évolution des sociétés, il y a des siècles que l'humanité serait retournée à la barbarie. Ce sont là des vérités tellement élémentaires qu'on éprouverait quelque honte à les énoncer, si nous ne vivions pas à une époque où le pessimisme fait école, où ceux qui s'obstinent à ne pas désespérer de l'avenir passent pour des gens à courte vue, dont la naïveté fait sourire les esprits forts.

[1] De M. Berthelot.

[2] De Jules Rochard.

[3] Elle était connue en Égypte du temps des Ptolémées. Aristote a décrit l'ivresse causée par la bière. Les Germains et les Gaulois on faisait usage, sous le nom de *cervoise*, avant que les Romains leur fissent connaître le vin.

[4] Quelques historiens prétendent qu'antérieurement à cette époque, on l'avait fait entrer dans l'alimentation des mineurs en Hongrie. (Ardouin, *Conférence sur l'alcoolisme*. Paris, 1882, p. 14.)

[5] Le *British medical Journal* cite un fait de ce genre tout à fait concluant. Il s'agit d'un père alcoolique dont les sept enfants ont eu la destinée suivante : les deux premiers sont morts de convulsions dans le premier âge ; le troisième, arrivé à l'adolescence, a été enfermé comme incurable dans une maison de fous ; le quatrième est parvenu à l'âge adulte, mais c'était un alcoolique qui fut condamné à cinq ans de prison pour vagabondage. Après eux vint une fille qui, s'étant mariée, tua son enfant, empoisonna son mari et finit par se suicider ; le sixième fut condamné à mort pour meurtre. Le dernier né a succombé tout jeune dans un hospice. Enfin, le père de cette intéressante famille, devenu idiot et paralytique, a fini ses jours dans un asile d'aliénés.